장미 꽃다발

장미 꽃다발

1961년 2월 2일 교회 인가
1961년 3월 18일 초판 1쇄 펴냄
2002년 12월 16일 개정 초판 1쇄 펴냄
2003년 2월 12일 개정 2판 1쇄 펴냄
2008년 6월 5일 개정 3판 1쇄 펴냄
2025년 4월 14일 개정 3판 10쇄 펴냄

지은이 · 정진석
펴낸이 · 정순택
펴낸곳 · 가톨릭출판사
편집 겸 인쇄인 · 김대영
편집 · 강서윤, 김지영, 김지현, 박다솜
디자인 · 강해인, 이경숙, 정호진
마케터 · 임찬양, 안효진, 황희진, 노가영

본사 · 서울특별시 중구 중림로 27
등록 · 1958. 1. 16. 제2-314호
전자우편 · edit@catholicbook.kr
전화 · 1544-1886(대표 번호)
지로번호 · 3000997

ISBN 978-89-321-1097-4 03230

값 8,000원

ⓒ 정진석, 2002

성경 ⓒ 한국천주교중앙협의회, 2005
가톨릭 기도서 ⓒ 한국천주교중앙협의회, 1997

이 책은 저작권법에 의해 보호를 받는 저작물이므로 무단 전재와 무단 복제를 금합니다.

가톨릭의 모든 도서와 성물, 디지털 콘텐츠를 '가톨릭북플러스'에서 만날 수 있습니다.
https://www.catholicbookplus.kr | (02)6365-1888(구입 문의)

묵주기도의 길잡이

장미 꽃다발

정진석 니콜라오 추기경

가톨릭출판사

차례

묵주기도란?   7
- 1. 묵주기도의 뜻 · 9
- 2. 묵주기도의 기원 · 10
- 3. 묵주기도의 형식 · 12
- 4. 묵주기도의 해 · 14
- 5. 묵주기도를 드리는 방법 · 20
- 6. 묵주기도의 기도문 · 22

1. 환희의 신비   29
- 1단: 마리아께서 예수님을 잉태하심을 묵상합시다 · 30
- 2단: 마리아께서 엘리사벳을 찾아보심을 묵상합시다 · 32
- 3단: 마리아께서 예수님을 낳으심을 묵상합시다 · 34
- 4단: 마리아께서 예수님을 성전에 바치심을 묵상합시다 · 36
- 5단: 마리아께서 잃으셨던 예수님을 성전에서 찾으심을 묵상합시다 · 38

2. 빛의 신비   41
- 1단: 예수님께서 세례 받으심을 묵상합시다 · 42
- 2단: 예수께서 카나에서 첫 기적을 행하심을 묵상합시다 · 44
- 3단: 예수님께서 하느님 나라를 선포하심을 묵상합시다 · 46
- 4단: 예수님께서 거룩하게 변모하심을 묵상합시다 · 48
- 5단: 예수님께서 성체성사를 세우심을 묵상합시다 · 50

3. 고통의 신비   53

1단: 예수님께서 우리를 위하여 피땀 흘리심을 묵상합시다 · 54
2단: 예수님께서 우리를 위하여 매 맞으심을 묵상합시다 · 56
3단: 예수님께서 우리를 위하여 가시관 쓰심을 묵상합시다 · 58
4단: 예수님께서 우리를 위하여 십자가 지심을 묵상합시다 · 60
5단: 예수님께서 우리를 위하여 십자가에 못 박혀 돌아가심을 묵상합시다 · 62

4. 영광의 신비   65

1단: 예수님께서 부활하심을 묵상합시다 · 66
2단: 예수님께서 승천하심을 묵상합시다 · 68
3단: 예수님께서 성령을 보내심을 묵상합시다 · 70
4단: 예수님께서 마리아를 하늘에 불러올리심을 묵상합시다 · 72
5단: 예수님께서 마리아께 천상 모후의 관을 씌우심을 묵상합시다 · 74

부록   77

1. 묵주기도로 드리는 9일 기도의 기원과 방법 · 79
2. 묵주기도를 드림으로써 받는 은총 · 82
3. 성가(로사리오 기도드릴 때, 로사리오의 기도) · 84
4. 성화 해설 · 86

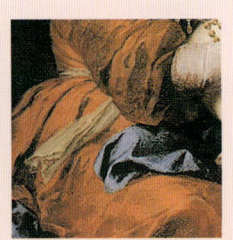

묵주
기도란?

1. 묵주기도의 뜻
2. 묵주기도의 기원
3. 묵주기도의 형식
4. 묵주기도의 해
5. 묵주기도를 드리는 방법
6. 묵주기도의 기도문

1. 묵주기도의 뜻

'동정 마리아의 장미 꽃밭'(라틴어 Rosarium Virginis Mariae, 영어 The Rosary of the Virgin Mary)은 예수님의 일생에서 일어난 두드러진 사건들을 한 가지씩 마음속으로 묵상하면서, '주님의 기도' 한 번과 '성모송' 열 번, 그리고 '영광송' 한 번을 입으로 외우고, 기도의 번수를 묵주 구슬로 세는 기도입니다.

서양에서 "장미 꽃다발" 또는 "장미 꽃밭"(라틴어 Rosarium, 이탈리아어 Rosario, 영어 Rosary)이라고 부르는 이 기도를 예전의 한국 교회에서는 매괴경(玫瑰經)이라고 불렀습니다. 이는 중국에서 장미를 매괴(해당화)라고 부르는 데서 유래되었습니다.

근래에 와서 우리나라에서는 묵주 구슬을 세면서 바치는 기도라는 뜻에서 "묵주기도"(默珠祈禱)라고 부르고 있습니다.

어느 종교에서든지 같은 기도를 반복하는 경우에는 그 번수를 세기 위한 도구로 실에 꿴 구슬을 사용합니다. 이것을 불교에서는 염주(念珠)라고 부르고, 가톨릭교회에서는 묵주(默珠)라고 부릅니다.

묵주는 십자가를 정점으로 하여 큰 구슬 여섯 개와 작은 구슬

쉰세 개가 원으로 꿰어져 있습니다. 그래서 묵주기도 5단을 바칠 때마다 십자가를 중심으로 한 바퀴씩 돌게 되어 있습니다. 이것은 그리스도에 대한 묵상의 길이 끝없이 이어짐을 뜻합니다. 또한 묵주는 우리 모두를 하느님 아버지께 묶어두는 사슬을 의미할 뿐만 아니라 모든 교우들이 그리스도 안에 한 형제자매로 친교를 맺고 사는 것을 상징합니다.

2. 묵주기도의 기원

초창기 교회의 수도자들은 구약성경의 시편 150편을 성무일과(聖務日課)로 매일 바치는 전통을 가지고 있었습니다. 그런데 글을 배우지 못한 수사들은 성무일과로 그들이 암송하고 있는 '주님의 기도'를 150번 바쳤습니다. 이것을 "비천한 이들의 성무일과 기도"라고 불렀습니다.

12세기 중엽 이후에 수도자들은 시편 150편을 세 부분으로 나누어 매일 50편씩 성무일과로 바쳤습니다. 이 시기에는 예수님과 성모님에 대한 신심이 활발히 일어나서 '주님의 기도' 외에 '성모송'이 생겨났습니다.

'성모송'의 전반부는 천사 가브리엘의 인사말(루카 1,28)과 엘리사벳의 인사말(루카 1,42)이고, 후반부는 우리의 청원 기도입니다. 신심이 깊은 신자들은 '주님의 기도' 대신에 '성모송'을 150번씩 날마다 바쳤습니다. 그리고 이러한 관습이 여러 지방으로 전파되었습니다. 성모님이 성 도미니코(St. Dominic, 1170-1221)에게 묵주를 주시면서 묵주기도를 가르쳐주셨다는 설화가 있으나, 이에 대한 뚜렷한 증거는 없습니다.

15세기 후반에 도미니코 수도회의 알랑 드 라 로슈(Alan de la Roche) 수사가 묵주기도를 생활화하는 신자 단체인 매괴회(Rosary Confraternity)를 조직하였습니다. 교황 알렉산데르 6세는 1495년 7월 13일 '칙서'를 통해 이 단체를 정식으로 인준하면서 그 회원들에게 은사를 부여하였습니다. 그 매괴회 회원들의 활동이 묵주기도의 전파에 크게 기여하였습니다.

우리나라에서도 역사 깊은 성당에서는 매괴회의 회원들이 묵주기도를 열심히 봉헌하여왔습니다. 그런데 요즘에는 묵주기도를 바치는 열정이 예전보다 떨어지는 듯하여 안타깝습니다.

교황 레오 13세는 1883년 9월 1일에 반포한 첫 번째 '회칙'「최상의 사도적 직무」(Supremi Apostolatus Officio)에서 묵주기도가 "사회를 괴롭히는 악에 대항하는 효과적인 영적 무기"라고 밝혔습니다. 그래서 교황 레오 13세를 "묵주기도의 교황"이라고 부릅니다.

교황 바오로 6세는 1974년 2월 2일에 반포한 '교황 권고'「마리아 공경」(Marialis cultus)에서 묵주기도를 "복음 전체의 요약이며, 그리스도 생애의 신비를 묵상할 수 있는 탁월한 수단이자 평화와 가정을 위한 강력한 기도"라고 강조하였습니다.

3. 묵주기도의 형식

12세기에는 묵주기도 중에 예수님의 탄생 예고(오늘날의 '환희의 신비' 1단)만 묵상하였으나, 세월이 흐르면서 차차 '고통의 신비'와 '영광의 신비'가 추가되었고, 기도 형식도 다양하게 발전하였습니다.

그러다가 교황 비오 5세가 1569년에 묵주기도의 기도문과 형식을 표준화하였습니다. 환희 · 고통 · 영광의 신비를 각 5단씩으로 하여 총 15단으로 정하고, 각 단은 '주님의 기도' 한 번과 '성모송' 열 번, 그리고 '영광송' 한 번을 바치는 형식으로 정하였습니다. 그리고 '환희의 신비'는 월요일과 목요일에 바치고, '고통의 신비'는 화요일과 금요일에, '영광의 신비'는 수요일과 토요일 및 주일에 바치도록 정하였습니다.

구원을 비는 기도

1917년에 파티마에 발현하신 성모님은 제일차세계대전(1914-1919)과 제이차세계대전(1941-1945)이라는 끔찍한 전쟁과 환난을 예고하면서 세계 평화와 러시아의 회개를 위해 묵주기도를 바칠 것을 당부하셨습니다. 이 메시지는 1990년대에 그대로 이루어졌습니다. 파티마에 발현하신 성모님의 부탁으로 묵주기도 중 '영광송' 다음에 '구원을 비는 기도'를 추가하게 되었습니다. 이 기도문은 다음과 같습니다.

"예수님, 저희 죄를 용서하시며, 저희를 지옥 불에서 구하시고 연옥 영혼을 돌보시며, 가장 버림받은 영혼을 돌보소서."

🌹 '빛의 신비'의 추가

교황 요한 바오로 2세는 교황 재위 제25년 첫날인 2002년 10월 16일에 '교서'「동정 마리아의 묵주기도」(Rosarium Virginis Mariae)를 반포하였습니다. 이 교서에는 전통적인 세 가지 신비 외에 '세상의 빛'(요한 9,5)이신 그리스도의 공생활의 주요 신비들을 묵상하는 '빛의 신비'를 추가함으로써 묵주기도를 통해 그리스도의 전 생애를 온전하게 묵상할 수 있도록 하였습니다.

교황은 433년 동안 지속된 전통적인 묵주기도의 형식을 바꿀 뜻은 없다고 밝히면서도 가능한 한 '빛의 신비'를 '환희의 신비'와 '고통의 신비' 사이에 바칠 것을 권하였습니다. 그리고 한 주간에 나누어 바칠 경우에는 전통적으로 '환희의 신비'는 월요일과 목요일, '고통의 신비'는 화요일과 금요일, '영광의 신비'는 수요일과 토요일, 그리고 일요일에 바쳐왔는데, 앞으로는 '빛의 신비'를 목요일에 바치고, '환희의 신비'를 토요일에 바칠 것을 권하였습니다.

주일	월	화	수	**목**	금	토
영광	환희	고통	영광	**빛**	고통	환희

(신비 배분은 자유롭게 조정할 수 있음)

🌹 빛의 신비

(세상의 빛이신 예수님의 공생활 중 다섯 가지의 주요 사건을 묵상)

1단: 예수님께서 세례 받으심을 묵상합시다.
2단: 예수님께서 카나에서 첫 기적을 행하심을 묵상합시다.
3단: 예수님께서 하느님 나라를 선포하심을 묵상합시다.
4단: 예수님께서 거룩하게 변모하심을 묵상합시다.
5단: 예수님께서 성체성사를 세우심을 묵상합시다.

4. 묵주기도의 해

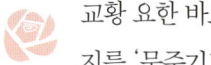 교황 요한 바오로 2세는 2002년 10월부터 2003년 10월까지를 '묵주기도의 해'로 선포하였습니다.

요한 바오로 2세가 이토록 묵주기도를 열심히 바치라고 당부한 뜻은 인류 사회가 제3천년기인 21세기에 접어든 다음에도 또 다른 엄청난 폭력에 시달리고 있기 때문입니다. 세계 도처에서 벌어지고 있는 테러와 폭력은 좀처럼 해결될 기미를 보이지 않고 있습니다. 더욱이 날로 심각해지는 개인주의와 물질만능주의의 위력은 개인을 타락시킬 뿐 아니라 사회의 기본 세포인 가정을 해체시키고, 사회에 '죽음의 문화'를 만연케 하고 있습니다.

묵주기도를 바치면서 개인과 가정, 국가와 교회, 온 인류가 안고 있는 모든 문제를 세상의 구원자이신 하느님께 맡깁시다.

🌹 평화의 기도

교황 요한 바오로 2세는 묵주기도가 '우리의 평화'(에페 2,14) 이신 그리스도께 이 시대에 가장 절실히 요청되는 '평화'를 간청하는 아주 탁월한 도구임을 강조합니다.

'평화의 임금'이신 그리스도의 일생을 묵상하는 기도이기 때문에 묵주기도는 평화를 기원하는 기도입니다. 그리고 주님의 생애에 일어났던 중요한 사건들을 묵상하면서 차분히 '성모송'을 반복해서 기도를 드리는 사람의 마음속에 부활하신 주님의 특별한 은총(요한 14,27; 20,21)인 평화를 심어주기 때문입니다.

전 세계에서 유일하게 분단 국가로 남아 있는 우리는 서로에게 상처를 입혔던 지난 과거를 잊고 민족의 화해와 조국의 평화로운 통일을 위해서도 묵주기도를 열심히 바쳐야 할 것입니다.

🌹 가정의 기도

교황 요한 바오로 2세는 또한 "묵주기도가 가정의 기도이자 가정을 위한 기도"라고 강조하였습니다. 온 가족이 함께 한마음으로 가정을 위해 묵주기도를 꾸준히 바칠 때 화목한 가정이 될 것입니다. 부모와 자녀가 함께 묵주기도를 바침으로써 현대 가정이 안고 있는 많은 문제들을 해결하고 참다운 복음적 가정 공동체로 거듭날 수 있는 힘을 얻을 수 있을 것입니다.

묵주기도를 열심히 바치는 가정마다 주님의 은총을 충만히 받아 가족 모두가 행복한 삶을 산 사례가 우리나라를 포함하여 전 세계적으로 참 많습니다.

과거와 달리 요즘 우리나라에서도 이혼하는 부부가 늘어나고, 그 때문에 부모로부터 버려진 아이들이 양산되어 가정의 기반이 심각하게 흔들리고 있습니다. 매일 잠깐 동안만이라도 가족이 서로 마음을 열고 대화하면 상대방에 대한 오해를 풀게 되고 상대방을 용서하게 되어 그 가정은 따뜻한 정이 넘치는 아늑한 보금자리가 될 것입니다. 더구나 가족 모두가 한자리에 모여 날마다 묵주기도를 바친다면 그 가정은 얼마나 큰 축복을 받겠습니까?

우리 모두가 묵주기도를 열심히 바친다면 죽음의 문화가 넘치는 이 사회가 사랑과 생명의 문화가 꽃피는 세상으로 바뀔 것입니다.

🌹 묵상의 모범이신 성모님

성모님은 평생토록 아드님이신 예수님을 바라볼 때마다 찬미와 감탄으로 충만하셨습니다.

성모님이 아기 예수님을 낳으시고, 포대기에 싸서 구유에 뉘였을 때(루카 2,7),

열두 살 된 소년 예수님을 사흘 동안이나 애타게 찾아 헤매다가 성전에서 찾으셨을 때(루카 2,48),

카나의 혼인 잔치에서 예수님의 속마음을 헤아려보셨을 때(요한 2,5),

십자가에 달리신 예수님을 바라보면서 그 수난과 죽음에 동참하셨을 때(마태 27,32-56; 마르 15,21-41; 루카 23,26-49; 요한 19,16-30),

십자가에 달리신 예수님이 성모님에게 요한 사도를 새로운 아들로 주셨을 때(요한 19,26-27),

주님 부활의 찬란한 영광을 바라보셨을 때(마태 28,1-20; 마르 16,1-20; 루카 24,1-12, 36-50; 요한 20,1-18),

성령강림 날에 성령을 충만히 받으셨을 때(사도 1,14; 2,1-13),

성모님의 눈길과 심정은 어떠하셨을까요? 성모님은 이 모든 것을 마음속에 새겨 평생토록 곰곰이 묵상하셨습니다(루카 2,19; 2,51).

청원의 기도

묵주기도는 묵상 기도일 뿐 아니라 동시에 청원 기도입니다.

주님께서는 "청하여라, 너희에게 주실 것이다. 찾아라, 너희가 얻을 것이다. 문을 두드려라, 너희에게 열릴 것이다. 누구든지 청하는 이는 받고, 찾는 이는 얻고, 문을 두드리는 이는 열릴 것이다"(마태 7,7-8)라고 말씀하셨습니다.

"여러분이 가지지 못하는 것은 여러분이 청하지 않기 때문입니다. 여러분은 청하여도 얻지 못합니다. 여러분의 욕정을 채우는 데에 쓰려고 청하기 때문입니다"(야고 4,2-3).

"여러분의 모든 걱정을 그분께 내맡기십시오. 그분께서 여러분을 돌보고 계십니다"(1베드 5,7).

하느님의 모친께 꾸준히 기도하는 것은 성모님께서 그 아드님이신 예수님께 중개해주시리라는 것을 신뢰하기 때문입니다. 카나의 혼인 잔치에서 포도주가 모자랐을 때, 성모님은 예수님의 속마음을 짐작하시고 일꾼들에게 "그가 당신들에게 이르는 대로 하시오"라고 당당하게 말씀하셨고, 예수님께서는 물을 술로 변화시키셨습니다(요한 2,1-11).

🌹 그리스도를 본받음

묵주기도를 바치면서 예수님의 일생을 묵상하는 것은 주님의 삶을 본받기 위해서입니다. 묵주기도의 20단마다 각 신비를 담은 성화를 눈으로 보고 성서적 배경에 대한 설명을 들으면 주님의 일생을 묵상하는 데 많은 도움이 될 것입니다.

이러한 준비를 하고 묵주기도를 바칠 때 우리에게 말씀하시는 '하느님의 음성'을 더 잘 들을 수 있습니다. 주님의 신비를 묵상하는 가운데 하느님의 말씀을 들으면 우리 마음은 저절로 하느님 아버지께로 향하게 될 것입니다.

묵주기도는 우리가 주님의 충실한 종으로 사는 데 필요한 은총을 청하고, 또한 하느님께 우리를 일깨워주시는 말씀을 하실 기회를 드림과 동시에 우리가 그 말씀을 귀담아듣고 하느님의 뜻대로 올바로 살 것을 다짐하는 기도입니다.

🌹 『장미 꽃다발』의 증보판

저는 1961년 3월 18일에 사제 서품을 준비하면서 『장미 꽃다발』이라는 소책자를 출판하였습니다.『장미 꽃다발』은 묵주의 구슬 한 알마다 묵상할 거리를 제공하여 장미꽃 열 송이를 한 다발로 묶어 묵주기도를 잘 바칠 수 있도록 도움을 주기 위해 꾸민 소책자입니다.

그런데 2002년 10월 16일에 교황 요한 바오로 2세가 묵주기도에 '빛의 신비 5단'을 추가하고, 2002년 10월부터 2003년 10월까지를 '묵주기도의 해'로 선포하였습니다. 그리고 이에 대한 구체적인 실천 방법은 각 교구장에게 맡겼습니다.

저는 서울대교구의 교구장으로서 교황님의 뜻을 교우들에게 좀 더 잘 전달하기 위하여『장미 꽃다발』의 증보판을 출판하기로 하였습니다. 이 기회에 옛 어투를 오늘날의 어투로 바꾸었습니다. 이 작업을 샬트르 성 바오로 수녀회의 오 마리아 피아 수녀님과 여러 수녀님들이 해주셨습니다.

그리고 각 신비를 담고 있는 성화는 서울대교구 성미술 감독인 정웅모 신부님이 선정해주셨고 이에 따른 해설을 덧붙여주셨습니다.

정진석 니콜라오 추기경

5. 묵주기도를 드리는 방법

전통적인 방법

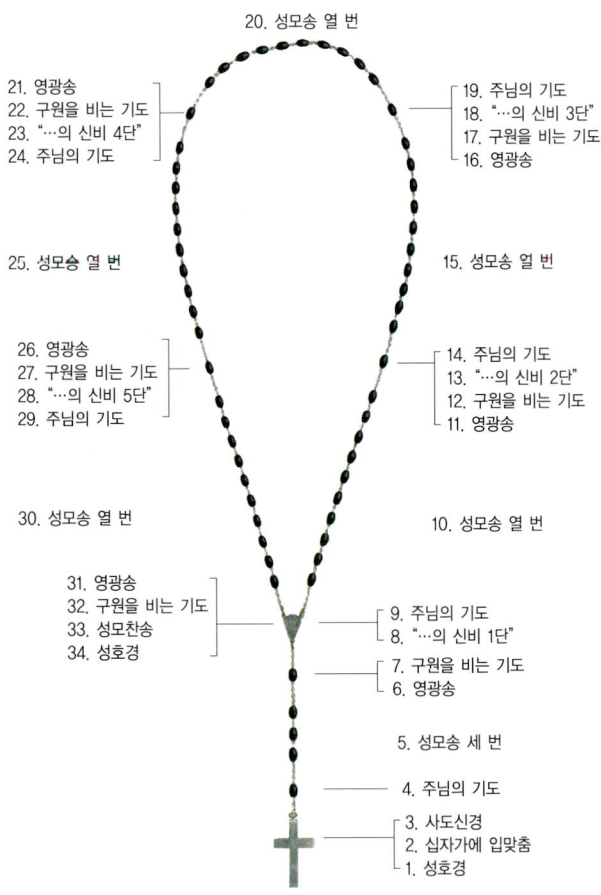

20. 성모송 열 번

21. 영광송
22. 구원을 비는 기도
23. "…의 신비 4단"
24. 주님의 기도

19. 주님의 기도
18. "…의 신비 3단"
17. 구원을 비는 기도
16. 영광송

25. 성모송 열 번

15. 성모송 열 번

26. 영광송
27. 구원을 비는 기도
28. "…의 신비 5단"
29. 주님의 기도

14. 주님의 기도
13. "…의 신비 2단"
12. 구원을 비는 기도
11. 영광송

30. 성모송 열 번

10. 성모송 열 번

31. 영광송
32. 구원을 비는 기도
33. 성모찬송
34. 성호경

9. 주님의 기도
8. "…의 신비 1단"

7. 구원을 비는 기도
6. 영광송

5. 성모송 세 번

4. 주님의 기도

3. 사도신경
2. 십자가에 입맞춤
1. 성호경

🌹 이 책을 이용할 때의 방법

『장미 꽃다발』은 묵주기도를 더욱 알차고 충실하게 바칠 수 있도록 도움을 주기 위해서 엮은 것입니다. '전통적인 묵주기도 방법'을 존중하면서 이 책을 효과적으로 이용할 수 있는 기본 지침을 알려드립니다.

① 왼쪽의 기도 방법 1-7번(성호경, 십자가에 입맞춤, 사도신경, 주님의 기도, 성모송 세 번, 영광송, 구원을 비는 기도)을 바칩니다.
② 8번(…의 신비 1단) 기도를 한 후, 성화를 보면서 그림 하단에 있는 기도(◎ 표시)를 바칩니다.
③ 기도 방법 9-12번(주님의 기도, 성모송 열 번, 영광송, 구원을 비는 기도)을 바칩니다.
④ 그리고 성화 오른쪽에 있는 열 개의 말씀을 다 읽거나 선택해서 읽고 잠시 묵상할 수 있습니다. 이어서 13번(…의 신비 2단) 기도를 같은 방법으로 바치면 됩니다.

6. 묵주기도의 기도문

🌹 성호경

(십자성호를 그으며)

†성부와 성자와 성령의 이름으로. 아멘.

🌹 사도신경

전능하신 천주 성부

천지의 창조주를 저는 믿나이다.

그 외아들 우리 주 예수 그리스도님

(밑줄 부분에서 고개를 깊이 숙입니다)

<u>성령으로 인하여 동정 마리아께 잉태되어 나시고</u>

본시오 빌라도 통치 아래서 고난을 받으시고

십자가에 못 박혀 돌아가시고 묻히셨으며

저승에 가시어 사흗날에 죽은 이들 가운데서 부활하시고

하늘에 올라 전능하신 천주 성부 오른편에 앉으시며

그리로부터 산 이와 죽은 이를 심판하러 오시리라 믿나이다.

성령을 믿으며

거룩하고 보편된 교회와 모든 성인의 통공을 믿으며

죄의 용서와 육신의 부활을 믿으며

영원한 삶을 믿나이다. 아멘.

🌹 주님의 기도

○ 하늘에 계신 우리 아버지,
아버지의 이름이 거룩히 빛나시며
아버지의 나라가 오시며
아버지의 뜻이 하늘에서와 같이
땅에서도 이루어지소서!

● 오늘 저희에게 일용할 양식을 주시고
저희에게 잘못한 이를 저희가 용서하오니
저희 죄를 용서하시고
저희를 유혹에 빠지지 않게 하시고
악에서 구하소서.

◎ 아멘.

🌹 성모송

○ 은총이 가득하신 마리아님, 기뻐하소서!
주님께서 함께 계시니 여인 중에 복되시며
태중의 아들 예수님 또한 복되시나이다.

● 천주의 성모 마리아님,
이제와 저희 죽을 때에
저희 죄인을 위하여 빌어주소서.

◎ 아멘.

🌹 영광송

(밑줄 부분에서 고개를 깊이 숙이며)

영광이 성부와 성자와 성령께

처음과 같이

이제와 항상 영원히.

아멘.

🌹 구원을 비는 기도

예수님, 저희 죄를 용서하시며,

저희를 지옥 불에서 구하시고,

연옥 영혼을 돌보시며

가장 버림받은 영혼을 돌보소서.

🌹 각 신비의 기도

주일	월	화	수	**목**	금	토
영광	환희	고통	영광	**빛**	고통	환희

(신비 배분은 자유롭게 조정할 수 있음)

환희의 신비

1단: 마리아께서 예수님을 잉태하심을 묵상합시다.
2단: 마리아께서 엘리사벳을 찾아보심을 묵상합시다.
3단: 마리아께서 예수님을 낳으심을 묵상합시다.
4단: 마리아께서 예수님을 성전에 바치심을 묵상합시다.
5단: 마리아께서 잃으셨던 예수님을 성전에서 찾으심을 묵상합시다.

빛의 신비

1단: 예수님께서 세례 받으심을 묵상합시다.
2단: 예수님께서 카나에서 첫 기적을 행하심을 묵상합시다.
3단: 예수님께서 하느님 나라를 선포하심을 묵상합시다.
4단: 예수님께서 거룩하게 변모하심을 묵상합시다.
5단: 예수님께서 성체성사를 세우심을 묵상합시다.

고통의 신비

1단: 예수님께서 우리를 위하여 피땀 흘리심을 묵상합시다.
2단: 예수님께서 우리를 위하여 매 맞으심을 묵상합시다.
3단: 예수님께서 우리를 위하여 가시관 쓰심을 묵상합시다.
4단: 예수님께서 우리를 위하여 십자가 지심을 묵상합시다.
5단: 예수님께서 우리를 위하여 십자가에 못 박혀 돌아가심을 묵상합시다.

🌹 영광의 신비

1단: 예수님께서 부활하심을 묵상합시다.

2단: 예수님께서 승천하심을 묵상합시다.

3단: 예수님께서 성령을 보내심을 묵상합시다.

4단: 예수님께서 마리아를 하늘에 불러올리심을 묵상합시다.

5단: 예수님께서 마리아께 천상 모후의 관을 씌우심을 묵상합시다.

🌹 성모 찬송

○ 모후이시며 사랑이 넘친 어머니,
  우리의 생명, 기쁨, 희망이시여,
● 당신 우러러 하와의 그 자손들이
  눈물을 흘리며 부르짖나이다,
  슬픔의 골짜기에서.
○ 우리들의 보호자 성모님,
  불쌍한 저희를
  인자로운 눈으로 굽어보소서.
● 귀양살이 끝날 때에
  당신의 아들 우리 주 예수님 뵙게 하소서.
  너그러우시고, 자애로우시며
  오! 아름다우신 동정 마리아님.
○ 천주의 성모님, 저희를 위하여 빌어주시어

● 그리스도께서 약속하신 영원한 생명을 얻게 하소서.
† 기도합시다.
  하느님, 외아드님이 삶과 죽음과 부활로써
  저희에게 영원한 구원을 마련해주셨나이다.
  복되신 동정 마리아와 함께
  이 신비를 묵상하며
  묵주기도를 바치오니,
  저희가 그 가르침을 따라
  영원한 생명을 얻게 하소서.
  우리 주 그리스도를 통하여 비나이다.
◎ 아멘.

환희의 신비

성모님과 함께 예수님 탄생의
기쁨과 관련된 신비를
묵상하는 기도

환희의 신비 1단

마리아께서 예수님을 잉태하심을 묵상합시다

(겸손)

성화 해설 86쪽

◎ 은총이 가득하신 성 마리아,
  저희를 위하여 스스로 사람이 되어 오시는 주님을 찬미하며
  청하오니, 저희에게 겸손의 덕을 빌어주소서.

  주님의 기도, 성모송 열 번, 영광송, 구원을 비는 기도

1~10번 중 선택해서 묵상할 수 있습니다.

1. 갈릴래아 지방 나자렛이라는 동네의 어느 작은 집에 사는 마리아는 집안일을 마치고 방 안으로 들어가 무릎을 꿇고 차분히 기도에 잠깁니다.
2. 홀연히 밝은 빛이 방 안을 비추더니 한 천사가 마리아 앞으로 다가섭니다.
3. 천사는 마리아에게 "기뻐하소서, 은총을 입은 이여, 주님께서 당신과 함께 계십니다." 하고 인사합니다(루카 1,28).
4. 천사는 또 마리아에게 하느님의 아드님이신 예수님의 어머니가 될 것이라고 말합니다. 그리고 잠시 침묵이 흐릅니다(루카 1,32-33).
5. 그러자 마리아는 천사를 향해 "제가 남자를 알지 못하는데 어떻게 그런 일이 있을 수 있겠습니까?" 하고 질문합니다(루카 1,34).
6. 천사는 마리아가 동정인 채로 하느님의 모친이 될 것임을 설명합니다.
7. "성령께서 당신에게 내려오시어 지극히 높으신 분의 힘이 당신을 감싸주실 것입니다. 그러므로 태어나실 분은 바로 하느님의 아드님이십니다."라고 천사가 대답합니다(루카 1,35).
8. 천사는 또 "아기를 못 낳는 여자라고 서러움을 받던 엘리사벳이 아들을 잉태했는데 벌써 여섯 달째입니다. 사실 하느님께서는 무슨 일이든지 하실 수 있습니다." 하고 말합니다(루카 1,36-37).
9. 그러자 마리아는 "저는 주님의 종입니다. 당신 말씀대로 저에게 하느님의 뜻이 이루어지기를 바랍니다." 하고 응답합니다(루카 1,38).
10. 마리아의 동의를 받은 천사는 떠나고, 하느님의 아드님이 동정녀 마리아에게 사람으로 잉태되시는 순간입니다.

환희의 신비 2단

마리아께서 엘리사벳을 찾아보심을 묵상합시다

(이웃 사랑)

성화 해설 87쪽

◎ 복되신 동정녀 성 마리아,
당신 태중에 계신 아기 예수님을 찬미하며 청하오니,
저희에게 이웃을 사랑하는 넉넉한 마음을 빌어주소서.

주님의 기도, 성모송 열 번, 영광송, 구원을 비는 기도

1~10번 중 선택해서 묵상할 수 있습니다.

1. 마리아는 사촌 언니인 엘리사벳도 아기를 가졌다는 말을 듣고, 언니를 찾아가 보기 위하여 짐을 챙깁니다.
2. 갈릴래아 지방 나자렛에 사는 마리아는 유다 산악 지방에 살고 있는 엘리사벳을 찾아갑니다(루카 1,39).
3. 즈카르야와 엘리사벳 부부가 살고 있는 집에 도착한 마리아가 언니 엘리사벳에게 문안 인사를 드립니다(루카 1,40).
4. 마리아의 인사말을 듣는 순간 엘리사벳의 태중에 있는 요한이 성모님의 태중에 계신 아기 예수님을 반겨 기뻐서 뛰놉니다(루카 1,41).
5. 엘리사벳은 성령을 충만히 받고서 "주님께서 함께 계시니 여인 중에 복되시며 태중의 아들 예수님 또한 복되시나이다."라고 찬미합니다(루카 1,42-45).
6. 마리아도 감격하여 "내 영혼이 주님을 찬송하고……." 하는 마니피캇을 읊어 하느님께 감사와 찬미를 드립니다(루카 1,46-55).
7. 마리아는 석 달 동안 엘리사벳을 도와서 부엌일, 바느질, 집 안 치우기 등 바쁘게 일을 합니다.
8. 마리아와 엘리사벳은 함께 기도하고 이야기도 나누면서 서로 태어날 아기를 위한 준비를 합니다.
9. 어느덧 엘리사벳이 요한을 해산할 날이 가까이 오고 마리아도 아기 예수님을 잉태한 지 3개월이 됩니다.
10. 엘리사벳에게 마리아의 도움이 더 이상 필요 없게 되자, 마리아는 다시 지루하고 먼 길을 걸어 나자렛 집으로 돌아옵니다.

환희의 신비 3단

마리아께서 예수님을 낳으심을 묵상합시다

(가난)

성화 해설 87쪽

◎ 존귀한 분의 어머님이 되신 성 마리아,
   구유에 비천하게 누우신 아기 예수님을 찬미하며 청하오니,
   저희에게 청빈한 마음을 빌어주소서.

주님의 기도, 성모송 열 번, 영광송, 구원을 비는 기도

1~10번 중 선택해서 묵상할 수 있습니다.

1. 마리아와 요셉은 로마 황제 아우구스투스의 칙령에 따라 호적 등록을 하기 위하여 본향인 베들레헴을 향하여 길을 나섭니다(루카 2,1-4).
2. 다윗의 후손인 요셉이 막상 베들레헴에 도착했으나 여관에는 빈방이 없었습니다(루카 2,7). 그분께서 당신 땅에 오셨지만, 그분의 백성은 그분을 맞아들이지 않았습니다(요한 1,11).
3. 마리아와 요셉은 산기슭에 있는 외양간에서 밤을 지새기로 합니다.
4. 온 세상이 잠든 고요한 한밤중에 마리아는 아들을 낳아 포대기에 싸서 구유에 누입니다(루카 2,6-7).
5. 양 떼를 지키던 목자들에게 주님의 천사가 나타나 "기쁜 소식을 전합니다. 오늘 다윗 고을에 구원자가 태어나셨습니다. 그분이 바로 주 그리스도이십니다."라고 알려줍니다(루카 2,8-11).
6. 그때 천사들이 나타나 "지극히 높은 곳에는 하느님께 영광, 땅에서는 그분 마음에 드는 사람들에게 평화!" 하고 하느님을 찬양합니다(루카 2,13-14).
7. 양을 치던 목자들은 주님이 알려주신 일을 알아보기 위해 베들레헴으로 달려갑니다. 그리고 구유에 누워 계신 아기 예수님께 경배합니다(루카 2,15-16).
8. 목자들은 아기에 대하여 보고 들은 바를 사람들에게 이야기합니다. 이 말을 들은 사람들은 모두 깊은 감명을 받습니다(루카 2,17-18).
9. 임금님의 탄생을 알리는 별을 따라 찾아온 동방박사들이 마리아와 함께 있는 아기를 보고, 엎드려 절하며 예물을 드립니다(마태 2,9-11).
10. 마리아는 그 모든 일을 마음속에 새기어 간직하면서 곰곰이 묵상합니다(루카 2,19).

환희의 신비 4단

마리아께서 예수님을 성전에 바치심을 묵상합시다
(봉헌)

성화 해설 88쪽

◎ 티 없이 깨끗하신 어머니 성 마리아,
성전에 바쳐진 아기 예수님을 찬미하며 청하오니,
저희에게 아낌없이 자신을 봉헌할 수 있는 은총을 빌어주소서.

주님의 기도, 성모송 열 번, 영광송, 구원을 비는 기도

1~10번 중 선택해서 묵상할 수 있습니다.

1. 마리아와 요셉은 모세의 율법대로 정결례를 거행할 날이 되자, 아기를 주님께 봉헌하려고 예루살렘으로 데리고 갑니다(루카 2,22).
2. 마리아와 요셉은 가난한 처지였으므로 어린양 대신에 집비둘기 두 마리를 제물로 바칩니다(루카 2,23-24).
3. 예루살렘에 사는 시메온이라는 의롭고 독실한 노인이 성령의 인도를 받아 성전으로 갑니다. 그때 마침 마리아와 요셉이 아기 예수님을 안고 성전으로 들어옵니다(루카 2,25-27).
4. 성령으로 충만한 시메온이 아기를 두 팔로 받아 안고, 인류의 구세주를 직접 뵙게 된 기쁨에 넘쳐 하느님을 찬양하고 아기가 구세주이심을 예언합니다(루카 2,28-32).
5. "주재자시여, 과연 제 눈으로 당신의 구원을 보았사오니 이는 다른 민족들에게는 계시하는 빛이요, 당신 백성 이스라엘에게는 영광이로소이다"(루카 2,29-32).
6. 시메온은 마리아에게 "이 아기로 말미암아 이스라엘에서 많은 사람들이 넘어지기도 하고 다시 일어서기도 하며 또 아기는 배척당하는 표징이 될 것입니다. 그래서 당신의 영혼이 칼에 꿰찔릴 것입니다." 하고 말합니다(루카 2,34-35).
7. 아기의 부모는 아기를 두고 하는 시메온의 예언을 듣고 놀라워합니다(루카 2,33).
8. 마침 그 시간에 한나라는 예언자가 성전에 왔다가 시메온의 예언을 듣고 하느님께 찬송을 드립니다. 그리고 여러 사람에게 그 얘기를 합니다(루카 2,36-38).
9. 마리아와 요셉은 맏아들의 봉헌 예식을 마치고 나서 나자렛으로 돌아갑니다(루카 2,39).
10. 아기는 자라면서 튼튼해지고 지혜로 가득 차게 되었으며, 하느님의 총애를 받았습니다(루카 2,40).

환희의 신비 5단

마리아께서 잃으셨던 예수님을 성전에서 찾으심을 묵상합시다 (순명)

성화 해설 89쪽

◎ 아드님을 잃고 애태우신 어머니 성 마리아,
성전에서 찾으신 예수님을 찬미하며 청하오니,
저희에게 주님 찾는 마음과 순명의 덕을 빌어주소서.
주님의 기도, 성모송 열 번, 영광송, 구원을 비는 기도

1~10번 중 선택해서 묵상할 수 있습니다.

1. 마리아와 요셉은 예수님께서 율법을 지킬 의무가 생긴 열두 살 되던 해에도 예년처럼 축제를 지내러 예루살렘으로 올라갑니다(루카 2,41-42).
2. 축제 기간이 끝나고 집으로 돌아갈 때, 그들은 소년 예수님이 친척들 일행에 끼어 집으로 가고 있으려니 여기고 하룻길을 갔습니다(루카 2,43-44).
3. 마리아와 요셉은 다음 날 친척들과 친지들 사이에서 소년 예수님이 보이지 않자 놀라서 당황합니다(루카 2,44).
4. 마리아와 요셉은 근심하고 슬퍼하며 예루살렘으로 되돌아가서 사흘 동안이나 예수님을 찾아 헤맵니다(루카 2,45).
5. 그동안에 소년 예수님은 성전에서 율법 교사들과 함께 앉아 그들의 말을 듣기도 하고 그들에게 묻기도 하였는데, 그의 말을 듣는 이들은 모두 그의 슬기로운 답변에 경탄하고 있습니다(루카 2,46-47).
6. 마리아와 요셉은 사흘 후에 성전에서 소년 예수님이 율법 교사들과 토론하고 있는 모습을 보고 깜짝 놀랍니다(루카 2,48).
7. 어머니가 너무나 반가워서 "애야, 네 아버지와 내가 너를 얼마나 애타게 찾았는지 아느냐?" 하고 책망합니다(루카 2,48).
8. 그러자 예수님은 "왜 저를 찾으셨습니까? 제가 제 아버지의 집에 있어야 하는 줄을 모르셨습니까?" 하고 말합니다(루카 2,49).
9. 마리아와 요셉은 예수님께서 자기들에게 한 이 말이 무슨 뜻인지 이해하지 못합니다. 마리아는 이 모든 일을 마음속에 새겨둡니다(루카 2,50-51).
10. 예수님께서는 부모와 함께 나자렛으로 돌아가서 18년 동안 조용히 부모에게 효도하며 지냅니다. 예수님은 지혜와 키가 자라고, 하느님과 사람들의 총애도 더해갑니다(루카 2,51-52).

빛의 신비

2

세상의 빛이신 예수님의 공생활 중
다섯 가지의 주요 사건을
묵상하는 기도

빛의 신비 1단

예수님께서 세례 받으심을 묵상합시다 (회개)

성화 해설 89쪽

◎ 믿는 이들의 어머니이신 성 마리아,
 요르단 강에서 세례를 받으시는 예수님을 찬미하며 청하오니,
 저희에게 회개의 삶을 빌어주소서.
 주님의 기도, 성모송 열 번, 영광송, 구원을 비는 기도

1~10번 중 선택해서 묵상할 수 있습니다.

① 세례자 요한이 유다 광야에 나타납니다. 그는 낙타털로 만든 옷을 걸치고 허리에 가죽띠를 두르고 메뚜기와 들꿀을 먹으며 삽니다.

② '주님의 길을 닦고 굽은 길을 바르게 하여라. 그러면 모든 사람이 하느님의 구원을 보리라.'(루카 3,4-6; 이사 40,3-5)는 말씀에 따라 요한은 요르단 강 주변을 두루 다니면서 회개하고 세례를 받으라고 선포합니다(루카 3,3).

③ 백성들은 모두 마음속으로 요한이 혹시 메시아가 아닐까 하는 생각에 서로 수군거립니다(루카 3,15).

④ 요한이 "나는 그리스도가 아닙니다. 나는 물로 세례를 베풉니다. 그러나 나보다 더 큰 능력을 지닌 분이 오시는데 그분은 성령과 불로 세례를 베푸실 것입니다." 하고 대답합니다(루카 3,16).

⑤ 그 무렵에 예수님께서도 요한에게 세례를 받으려고 요르단 강으로 찾아오십니다(마르 1,9; 마태 3,13).

⑥ 요한이 예수님을 보자 "제가 선생님께 세례를 받으러 가야 할 터인데 어찌 선생님께서 저에게 오십니까?" 하고 송구스러워합니다(마태 3,14).

⑦ 예수님께서는 요한에게 "지금은 당신이 나에게 세례를 주는 것이 하느님의 뜻대로 하는 것입니다." 하고 대답하십니다(마태 3,15).

⑧ 예수님께서는 세례를 받으실 때 하늘에서 성령이 비둘기 모양으로 당신에게 내려오시는 것을 보셨습니다(마르 1,10; 마태 3,16).

⑨ 그때 하늘에서 "너는 내가 사랑하는 아들, 내 마음에 드는 아들이다." 하는 소리가 들려왔습니다(마태 3,17; 루카 3,22).

⑩ 예수님께서는 요르단 강에서 세례를 받으신 뒤 성령의 인도로 광야에 가셔서 사십 일 동안 단식하시면서 기도하십니다(루카 4,1-2).

빛의 신비 2단

예수님께서 카나에서 첫 기적을 행하심을 묵상합시다

(믿음)

성화 해설 90쪽

◎ 사랑이 넘치는 어머니 성 마리아,
  혼인 생활을 축복하시는 예수님을 찬미하며 청하오니,
  저희에게 가족 간의 신뢰와 사랑을 빌어주소서.
  주님의 기도, 성모송 열 번, 영광송, 구원을 비는 기도

1~10번 중 선택해서 묵상할 수 있습니다.

① 성모님은 카나에 사는 친척 집의 혼인 잔치에 참석하고 계십니다 (요한 2,1).

② 일주일 동안 계속되는 혼인 잔치 도중에 포도주가 떨어졌습니다. 그런데 유다인들에게는 "포도주가 없으면 즐거움도 없다."는 속담이 있습니다.

③ 잔칫집이 가난한 경우에는 초대받은 친척들이 포도주를 선물로 가지고 가는 것이 그 당시의 풍속입니다.

④ 포도주가 떨어질 때에 마침 예수님과 제자들도 그곳에 오십니다 (요한 2,2). 성모님은 "포도주가 없구나……." 하시며 예수님을 쳐다보십니다 (요한 2,3).

⑤ 예수님께서는 어머니에게 "아직 저의 때가 오지 않았습니다."라고 대답하십니다 (요한 2,4).

⑥ 성모님은 예수님의 마음을 헤아려보시고 일꾼들에게 "내 아들이 시키는 대로 하시오." 하고 말씀하십니다 (요한 2,5).

⑦ 예수님께서는 일꾼들에게 "물독에 물을 가득 채우시오." 하고 이르십니다 (요한 2,7).

⑧ 일꾼들이 시키는 대로 하자, 예수님께서는 다시 그들에게 방금 물독에 부은 물을 퍼서 과방장에게 가져다주라고 분부하십니다 (요한 2,8).

⑨ 그 물이 어느새 가장 좋은 포도주로 변했습니다. 과방장은 포도주 맛을 보고 나서, 신랑에게 "누구든지 먼저 좋은 포도주를 내놓는 것이 예사인데, 좋은 포도주를 이제까지 보관하고 있었군요."라고 말합니다 (요한 2,9-10).

⑩ 이렇게 예수님께서 첫 번째 기적을 카나에서 행하시어 당신의 영광을 드러내셨고, 제자들은 그분을 믿게 되었습니다 (요한 2,11).

빛의 신비 3단

예수님께서 하느님 나라를 선포하심을 묵상합시다

(희망)

성화 해설 91쪽

◎ 평화의 어머니이신 성 마리아,
하느님 나라를 가르치신 예수님을 찬미하며 청하오니,
저희에게 천국의 기쁨을 빌어주소서.

주님의 기도, 성모송 열 번, 영광송, 구원을 비는 기도

1~10번 중 선택해서 묵상할 수 있습니다.

1. 예수님께서는 행복의 길을 가르치십니다(마태 5,1-12). "영으로 가난한 사람들은 복됩니다. 하늘나라가 그들의 것입니다"(마태 5,3).
2. 예수님께서는 하느님 나라의 신비를 씨 뿌리는 사람의 비유로 가르치시고, 제자들에게 비유를 설명해주십니다(마태 13,1-23).
3. "여러분은 세상의 빛입니다. 사람들이 여러분의 좋은 행실을 보고 하늘에 계신 여러분의 아버지를 찬양하게 하십시오"(마태 5,13-16).
4. "하느님 나라는 밭에 뿌려진 좋은 씨와 같습니다. 밤과 낮이 지나가는 동안 씨는 싹이 터서 자랍니다. 땅이 절로 열매를 맺게 합니다"(마르 4,26-29).
5. "하늘나라는 어떤 사람이 좋은 씨를 뿌렸는데, 원수가 몰래 와서 가라지를 뿌리고 간 것과 같습니다. 주인은 추수 때까지 밀과 가라지가 함께 자라도록 내버려둡니다. 추수 때에 먼저 가라지를 뽑아 태워버리고 밀은 곳간에 모아들입니다"(마태 13,24-30).
6. "하느님 나라는 겨자씨와 같습니다. 겨자씨는 가장 작은 씨이지만 자라면 새들이 그 그늘에 깃들일 만큼 큰 나무가 됩니다"(마르 4,30-32; 마태 13,31-32; 루카 13,18-19).
7. "하늘나라는 누룩과 같습니다. 어떤 부인이 밀가루 서 말 속에 누룩을 집어넣었더니 온통 부풀어 올랐습니다"(마태 13,33; 루카 13,20-21).
8. "하늘나라는 밭에 숨겨진 보물을 발견한 사람이 가진 것을 다 팔아 그 밭을 사는 것과 같습니다"(마태 13,44).
9. "하늘나라는 좋은 진주를 찾은 상인이 가진 것을 다 팔아 그 값진 진주를 사는 것과 같습니다"(마태 13,45-46).
10. "하늘나라는 그물과 같습니다. 그물에 물고기가 가득 차면 물가로 끌어올려 놓고 좋은 것은 그릇에 담고 나쁜 것은 버립니다. 세상 종말에도 그렇게 될 것입니다"(마태 13,47-50).

빛의 신비 4단

예수님께서 거룩하게 변모하심을 묵상합시다
(영광)

성화 해설 91쪽

◎ '세상의 빛'의 어머니이신 성 마리아,
  빛나는 모습으로 '빛'이심을 보여주신 예수님을 찬미하며
  청하오니, 저희에게 삶의 길을 비추는 빛을 빌어주소서.
  주님의 기도, 성모송 열 번, 영광송, 구원을 비는 기도

1~10번 중 선택해서 묵상할 수 있습니다.

① 예수님께서는 베드로와 야고보와 요한만을 따로 데리고 산으로 올라가 기도하십니다(마태 17,1).

② 예수님께서 기도하시는 동안 그 모습이 거룩하게 변하시어, 얼굴은 해처럼 빛나고 옷은 새하얗고 눈부시게 빛났습니다(마태 17,2; 마르 9,3).

③ 그때에 난데없이 엘리야가 모세와 함께 나타나 예수님과 함께 이야기하십니다(마르 9,4).

④ 세 분은 주님께서 장차 예루살렘에서 당하실 수난과 죽음, 부활에 대하여 이야기하십니다(루카 9,31).

⑤ 베드로와 두 사도들은 몹시 졸렸지만 애써 깨어 있으면서 영광스러운 모습으로 변하신 주님과 대화하시는 두 분을 황홀경에 빠져 지켜보고 있습니다(루카 9,32).

⑥ 이윽고 베드로가 "주님, 저희가 여기서 지내면 얼마나 좋겠습니까! 초막 셋을 지어 하나는 주님께, 하나는 모세께, 하나는 엘리야께 드리겠습니다." 하고 여쭙니다(마태 17,4).

⑦ 갑자기 빛나는 구름이 그들을 감싸고, 구름 속에서 "이는 내가 선택한 사랑하는 아들이니, 너희는 그의 말을 들어라."(이사 42,1; 신명 18,5) 하는 소리가 들려옵니다(루카 9,35).

⑧ 예수님께서 땅에 엎드려 떨고 있는 제자들에게 겁내지 말고 일어나라고 하십니다. 제자들이 눈을 뜨니, 예수님만 계십니다(마태 17,6-8).

⑨ 예수님께서 죽으셨다가 살아나실 때까지 이 사실을 아무에게도 말하지 말라고 제자들에게 말씀하십니다. 제자들은 주님의 말씀대로 이 비밀을 지킵니다(마태 17,9; 루카 9,36).

⑩ 제자들은 주님께서 죽으셨다가 다시 살아나신다는 말씀의 뜻을 알아듣지 못하고 서로 묻습니다(마르 9,10).

빛의 신비 5단

예수님께서 성체성사를 세우심을 묵상합시다
(사랑)

성화 해설 92쪽

◎ 교회의 어머니이신 성 마리아,
  사랑의 성체성사를 세우신 예수님을 찬미하며 청하오니,
  저희에게 영원한 생명의 빵을 빌어주소서.

주님의 기도, 성모송 열 번, 영광송, 구원을 비는 기도

1~10번 중 선택해서 묵상할 수 있습니다.

① 무교절 첫날, 즉 파스카 양을 잡는 날, 예수님께서 파스카 음식을 차리도록 베드로와 요한을 예루살렘 성 안으로 보내십니다 (마르 14,12-15).

② 예수님께서는 만찬상에 함께 앉아 있는 제자들에게 "내가 죽기 전에 이 만찬을 얼마나 원했는지 모릅니다. 이제는 하느님 나라에서 파스카 축제를 지낼 때까지 이 만찬이 마지막입니다." 하고 말씀하십니다 (루카 22,14-16).

③ 예수님께서 최후의 만찬 도중에 제자들의 발을 씻어주십니다. "여러분도 주님이며 스승인 내가 본을 보여준 대로 서로 발을 씻어주어야 합니다."라고 겸손을 가르치십니다 (요한 13,1-17).

④ 예수님께서 빵을 들고 축복하신 다음 제자들에게 떼어주시면서 "이것을 받아 먹으세요. 이는 내 몸입니다." 하고 말씀하십니다 (마르 14,22).

⑤ 그리고 잔을 들고 감사의 기도를 드리신 다음 제자들에게 모두 돌려 마시라고 주시면서 "이는 죄를 용서해주려고 많은 사람을 위하여 흘리는 계약의 피입니다." 하고 말씀하십니다 (마태 26,27-28).

⑥ "서로 사랑하세요. 이것이 내가 주는 새 계명입니다. 내가 여러분을 사랑한 것처럼 여러분도 서로 사랑하면, 모든 사람이 그것을 보고 여러분이 내 제자임을 알 것입니다"(요한 13,31-35).

⑦ "나는 길이요 진리요 생명입니다. 나를 통하지 않고서는 아무도 아버지께로 갈 수 없습니다. 여러분이 무엇이든지 내 이름으로 청하면 내가 다 이루어주겠습니다"(요한 14,1-14).

⑧ "나는 포도나무요 여러분은 가지입니다. 내 안에 머무는 사람, 그리고 내가 그 안에 머무는 사람은 많은 열매를 맺을 것입니다. 나 없이는 아무것도 할 수 없습니다"(요한 15,1-6).

⑨ 예수님께서는 제자들에게 이별의 슬픔과 재회의 기쁨을 말씀하신 다음, 제자들의 일치를 위하여 아버지께 간절히 기도하십니다 (요한 16-17).

⑩ 만찬을 드신 후, 예수님께서는 늘 하시던 대로 키드론 골짜기 건너편 올리브 산으로 가십니다. 그 뒤를 제자들이 따라갑니다 (루카 22,39).

3

고통의
신비

예수 그리스도의 십자가 고통과
죽음의 신비를 묵상하는 기도

고통의 신비 1단

예수님께서 우리를 위하여
피땀 흘리심을 묵상합시다 (의탁)

성화 해설 93쪽

◎ 고통받는 이들의 어머니이신 성 마리아,
  피땀을 흘리시며 번민하시는 예수님을 경배하며 청하오니,
  저희에게 주님께 의탁하는 마음을 빌어주소서.

  주님의 기도, 성모송 열 번, 영광송, 구원을 비는 기도

1~10번 중 선택해서 묵상할 수 있습니다.

① 만찬이 끝나자 예수님께서는 제자들과 함께 올리브 산의 겟세마니라는 동산으로 가십니다(마태 26,36).

② 다른 제자들은 동산 밖에 남겨두고, 베드로와 야고보와 요한만을 데리고 동산 안으로 들어가십니다(마태 26,37).

③ 예수님께서 세 사도들에게 "내 마음이 너무 괴로워 죽을 지경이니, 그대들도 나와 함께 여기 머물러서 깨어 있으시오." 하고 말씀하십니다(마태 26,38).

④ 예수님께서 땅에 엎드려, "아버지, 이 잔을 거두어주십시오. 그러나 제가 원하는 것을 하지 마시고 아버지께서 원하시는 것을 하십시오." 하고 기도하십니다(마르 14,36).

⑤ 그때 천사가 하늘에서 나타나 예수님의 기운을 북돋아 격려해 드립니다(루카 22,43).

⑥ 예수님께서 고뇌에 싸여 더욱 간절히 기도하시니, 피와 같은 땀이 흘러내려 땅을 적십니다(루카 22,44).

⑦ 예수님께서 기도를 마치고 오시니, 제자들은 근심하다가 지쳐 잠들어 있습니다. 베드로에게 "그대들은 나와 함께 한 시간도 깨어 있지 못하오?"라고 나무라십니다(마태 26,40).

⑧ 다시 두 번째로 홀로 가시어 "아버지 제가 이 잔을 마실 수밖에 없다면 아버지의 뜻이 이루어지게 하십시오." 하고 기도하십니다(마태 26,42).

⑨ 그런 다음 다시 오셔서 여전히 자고 있는 제자들을 보시고는 "영은 간절히 원하지만 육신은 약합니다. 유혹에 빠지지 않도록 깨어나 기도하시오." 하고 말씀하시고 세 번째로 기도하러 가십니다(마태 26,43-44).

⑩ 예수님께서 기도를 마치시고, 제자들에게 "자! 사람의 아들이 죄인들의 손에 넘어갈 때가 되었소. 일어나 갑시다." 하시고 유다와 군중들 앞으로 가십니다(마태 26,46).

고통의 신비 1단

고통의 신비 2단

예수님께서 우리를 위하여 매 맞으심을 묵상합시다 (극기)

성화 해설 93쪽

◎ 칼로 찔림을 받으신 어머니 성 마리아,
매 맞고, 조롱받으시는 예수님을 경배하며 청하오니,
저희에게 고통을 이기는 인내의 덕을 빌어주소서.
주님의 기도, 성모송 열 번, 영광송, 구원을 비는 기도

1~10번 중 선택해서 묵상할 수 있습니다.

① 군인들이 예수님을 한나스에게 끌고 갑니다. 예수님께서 한나스에게 말대꾸를 한다고 하여 하인 한 사람이 예수님께 손찌검을 합니다(요한 18,19-23).

② 카야파의 장인인 한나스(요한 18,13)는 예수님을 그 해의 대사제인 카야파에게로 보냅니다(요한 18,24).

③ 카야파는 백성을 위하여 한 사람이 죽는 것이 낫다고 하여 유다인들에게 충고한 사람입니다(요한 18,13-14).

④ 대사제가 예수님께 "당신이 정말 하느님의 아들 메시아요?" 하고 묻습니다. 예수님께서 "당신이 그렇게 말했습니다." 하고 대답하십니다(마태 26,63-64).

⑤ 카야파의 관저에는 율법 학자들과 원로들이 모여 있습니다(마태 26,57). 온 의회가 예수님을 고발하여, 그분 얼굴에 침을 뱉고 그분을 주먹으로 치며, 더러는 손찌검을 합니다(마태 26,60-68).

⑥ 그들은 번갈아 가며 예수님께 매질을 하여 예수님의 등은 마구 찢기고 피가 낭자하게 흐릅니다.

⑦ 아침이 되자, 모든 수석 사제들과 백성의 원로들, 율법 학자들이 모여 회의를 열고 예수님을 죽이기로 결의합니다(마태 27,1).

⑧ 그래서 예수님께 사형을 선고할 권한이 있는 빌라도 총독에게 넘깁니다(마태 27,2).

⑨ 빌라도가 예수님께 "당신이 유다인들의 임금이오?" 하고 묻습니다(마르 15,2). 예수님께서는 "내 나라는 이 세상에 속하지 않습니다. 내가 임금이라고 당신이 말합니다. 나는 진리를 증언하기 위해 세상에 왔습니다."라고 대답하십니다(요한 18,36-37).

⑩ 빌라도가 "나는 당신을 풀어줄 권한도 있고, 십자가형에 처할 권한도 있다는 것을 모른단 말이오?" 하고 말합니다. 예수님께서는 "위에서 주시지 않았더라면 당신은 나에 대해 아무 권한도 없었을 것입니다." 하고 대답하십니다(요한 19,10-11).

고통의 신비 3단

예수님께서 우리를 위하여 가시관 쓰심을 묵상합시다 (교만 극복)

성화 해설 94쪽

◎ 자애로우신 어머니 성 마리아,
　가시관으로 찔리신 예수님을 경배하며 청하오니,
　저희에게 현세의 모든 모욕을 참아 극복하는 덕을 빌어주소서.
　주님의 기도, 성모송 열 번, 영광송, 구원을 비는 기도

1~10번 중 선택해서 묵상할 수 있습니다.

① 총독의 군사들이 예수님을 총독 관저로 데리고 가서 옷을 벗긴 다음 진홍색 외투를 걸쳐줍니다(마태 27,27-28).

② 그들은 예수님을 조롱하려고 나무토막을 가져다가 임금의 옥좌라고 하며 예수님을 앉힙니다.

③ 가시나무로 관을 엮어서 예수님의 머리에 눌러 씌우고, 오른손에는 갈대를 들립니다(마태 27,29).

④ 그리고 예수님 앞에 무릎 꿇고 "유다인들의 임금, 만세!" 하고 소리치고 깔깔거립니다(마태 27,29).

⑤ 또 예수님께 침을 뱉은 다음 갈대를 빼앗아 예수님의 가시관을 내려칩니다(마태 27,30).

⑥ 예수님께서는 가시관을 쓰시고 자주색 겉옷을 걸치신 채 군중들 앞으로 끌려 나옵니다. 그러자 군중들이 "없애버리시오, 그 자를 십자가형에 처하시오!" 하고 외칩니다(요한 19,5-6).

⑦ 빌라도는 군중 앞에서 손을 씻으며 "나는 이 피에 대해서 책임이 없소. 이것은 여러분의 일이오." 하고 말합니다(마태 27,24).

⑧ 대사제와 원로들의 선동에 놀아난 군중은 "그의 피는 우리와 우리 자손들이 책임질 것이오." 하고 어리석은 다짐을 합니다(마태 27,25).

⑨ 빌라도는 예수님에게서 아무 죄목도 찾아내지 못하여 석방하려고 합니다(요한 18,38-39).

⑩ 그러나 빌라도는 유다인들의 협박에 못 이겨 예수님께 매질을 한 후 십자가형에 처하라고 내어줍니다(요한 19,16).

고통의 신비 3단

고통의 신비 4단

예수님께서 우리를 위하여 십자가 지심을 묵상합시다 (인내)

성화 해설 95쪽

◎ 십자가를 지신 아드님을 보고 계신 어머니 성 마리아,
우리를 위하여 십자가를 지신 예수님을 경배하며 청하오니,
저희에게 십자가를 질 수 있는 굳센 용기를 빌어주소서.
주님의 기도, 성모송 열 번, 영광송, 구원을 비는 기도

1~10번 중 선택해서 묵상할 수 있습니다.

① 군인들은 예수님을 때리고 조롱하고 나서 망토를 벗기고, 본래 예수님의 옷을 입히고는 십자가형에 처하기 위해서 밖으로 끌고 갑니다(마태 27,31).

② 매를 맞아 지치고 피투성이가 된 예수님의 어깨에 군인들이 무거운 십자가를 짊어지게 하고, 해골터(히브리어로는 골고타)로 끌고 갑니다(요한 19,17).

③ 예수님께서 울퉁불퉁한 언덕길에서 비틀거리시다가 미끄러져 넘어지십니다.

④ 예수님께서는 길모퉁이를 돌아 가시다가 근심과 슬픔에 젖은 어머니를 만나십니다.

⑤ 군인들은 키레네 사람 시몬에게 강제로 예수님의 십자가를 대신 짊어지게 합니다(마르 15,21).

⑥ 베로니카라는 여인이 수건으로 예수님 얼굴의 피땀을 닦아드립니다.

⑦ 백성과 여자들이 큰 무리를 이루어 예수님을 따라가고 있는데, 여자들은 예수님의 죽음을 애통히 여겨 가슴을 치며 통곡합니다(루카 23,27).

⑧ 예수님께서는 그 여자들을 돌아보시고 "예루살렘의 딸들이여, 나 때문에 울지 말고 여러분과 여러분의 자식들 때문에 우시오."라고 말씀하십니다(루카 23,28).

⑨ 예수님께서는 무거운 십자가에 짓눌려 세 번씩이나 넘어지십니다.

⑩ 군인들은 쓸개즙을 섞은 포도주를 마시라고 예수님께 드렸으나 그분은 맛만 보시고 마시지 않으십니다(마태 27,34).

고통의 신비 4단

고통의 신비 5단

예수님께서 우리를 위하여 십자가에 못 박혀 돌아가심을 묵상합시다 (자아 포기)

성화 해설 95쪽

◎ 십자가 아래 서 계신 어머니 성 마리아,
  우리를 위하여 십자가에 못 박히신 예수님을 경배하며 청하오니,
  저희에게 원수를 용서하고 사랑할 수 있는 힘을 빌어주소서.
  주님의 기도, 성모송 열 번, 영광송, 구원을 비는 기도

1~10번 중 선택해서 묵상할 수 있습니다.

① 예수님께서 골고타에 도착하자 군인들은 예수님의 옷을 벗기고 예수님의 손과 발에 못을 박고는 십자가를 세웁니다(마태 27,33-35).

② 십자가 죄목 명패에는 "유다인들의 임금"이라고 쓰여 있습니다(마르 15,27).

③ 예수님께서는 "아버지, 저들을 용서해주십시오. 저들은 자기들이 무슨 일을 하는지 모릅니다."라고 말씀하십니다(루카 23,34).

④ 예수님께서는 당신의 어머니에게 요한 사도를 아들로 삼게 하십니다(요한 19,26-27).

⑤ 수석 사제들이 율법 학자들과 원로들과 함께 예수님께 십자가에서 내려와 보라고 조롱합니다(마태 27,41-42).

⑥ 예수님의 십자가 양편에 달린 죄수 중 하나는 예수님을 모욕하고, 또 다른 죄수는 예수님께 자신을 기억해 달라고 간청합니다. 예수님께서는 "그대는 오늘 나와 함께 낙원에 있을 것이오." 하고 응답하십니다(루카 23,39-43).

⑦ 오후 세 시쯤에, 예수님께서는 큰 소리로 "저의 하느님, 저의 하느님, 어찌하여 저를 버리셨습니까?" 하고 부르짖으십니다(마태 27,46).

⑧ 예수님께서는 세 시간이나 십자가에 매달려 계시다가 "목마르다." 하고 말씀하십니다(요한 19,28).

⑨ 예수님께서는 큰 소리로 "아버지, 제 영을 아버지 손에 맡깁니다." 하시고, 숨을 거두십니다(루카 23,46).

⑩ 백인 대장과 그 곁에 서 있던 사람들은 지진을 비롯하여 여러 가지 일어난 일들을 보고 "참으로 이분은 하느님의 아드님이셨다." 하고 고백합니다(마태 27,54).

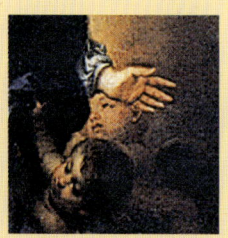

영광의 신비

4

예수님과 성모님의 영광스러운
부활과 승천에 관련된 신비를
묵상하는 기도

영광의 신비 1단

예수님께서 부활하심을 묵상합시다

(영광)

성화 해설 96쪽

◎ 기쁨의 어머니이신 성 마리아,
   영광스레 부활하신 예수님을 찬미하며 청하오니,
   저희에게 주님께 대한 믿음과 새 마음을 빌어주소서.
   주님의 기도, 성모송 열 번, 영광송, 구원을 비는 기도

1~10번 중 선택해서 묵상할 수 있습니다.

1. 주간 첫날 동이 트기 전에 거룩한 여인들이 예수님께 발라드릴 향료를 들고 예수님의 무덤으로 달려갑니다(마르 16,1-2).
2. 그들은 무덤을 막아놓았던 돌이 치워져 있고 무덤 속에 예수님의 시신이 없는 것을 보고 놀랍니다(마르 16,4).
3. 무덤 가까이에 있던 천사가 여인들에게 "예수님께서는 되살아나셔서 여기 계시지 않습니다." 하고 일러줍니다(마르 16,6).
4. 마리아 막달레나가 제자들이 있는 곳으로 달려가 "제가 주님을 뵈었습니다." 하고 소리칩니다(요한 20,18).
5. 경비대의 군인들이 수석 사제에게 예수님께서 부활하셨음을 보고합니다. 수석 사제와 원로들은 군사들에게 예수님의 제자들이 시체를 훔쳐갔다고 소문을 내라고 지시합니다(마태 28,11-15).
6. 예수님께서는 엠마오로 가는 두 제자와 함께 저녁을 잡수시면서 제자들이 예수님을 알아보게 하십니다(루카 24,13-31).
7. 예수님께서는 제자들에게 나타나시어 "평화가 여러분과 함께!" 하고 인사하시자 제자들은 너무 기뻐 어쩔 줄을 모릅니다(요한 20,19-20).
8. 예수님께서는 사도들에게 숨을 불어넣으시면서 죄를 용서하는 권한을 주십니다(요한 20,22-23).
9. 예수님께서 당신의 부활을 의심하는 토마스에게 "내 손과 내 옆구리에 손가락을 넣어보시오." 하고 말씀하시자, 토마스는 "저의 주님, 저의 하느님!" 하고 고백합니다(요한 20,27-28).
10. 예수님께서 티베리아스 호숫가에서 고기를 잡고 있던 제자들에게 다시 나타나십니다(요한 21,1-23).

영광의 신비 2단

예수님께서 승천하심을 묵상합시다

(하늘을 향한 소망)

성화 해설 97쪽

◎ 희망의 어머니이신 성 마리아,
하늘로 오르시어 성부 오른편에 앉으신 예수님을 찬미하며
청하오니, 저희에게 영원한 생명을 향한 소망을 빌어주소서.

주님의 기도, 성모송 열 번, 영광송, 구원을 비는 기도

1~10번 중 선택해서 묵상할 수 있습니다.

1. 예수님께서 부활하신 후 사십 일 동안 제자들에게 당신이 살아 계심을 여러 모습으로 보여주십니다(사도 1,3).
2. 예수님께서 제자들에게 성령을 보내실 것을 약속하십니다(사도 1,4-5).
3. 예수님께서 "나는 하늘과 땅의 모든 권능을 받았습니다. 그러므로 그대들은 모든 민족들을 제자로 삼아 세례를 베푸시오." 하고 명하십니다(마태 28,18-19).
4. 예수님께서 "믿고 세례 받는 이는 구원받겠지만, 믿지 않는 이는 단죄받을 것입니다."라고 선언하십니다(마르 16,16).
5. 예수님께서는 제자들에게 세상 끝 날까지 함께 있겠다고 약속하십니다(마태 28,20).
6. 예수님께서는 제자들을 축복하시고 하늘로 오르십니다.
7. 예수님께서 하늘로 오르셨는데 구름에 감싸여 그 모습이 보이지 않게 될 때까지 제자들은 하늘을 쳐다보고 있습니다(사도 1,9-10).
8. 마침 흰옷 입은 두 사람이 다가와 "갈릴래아 사람 여러분, 왜 하늘을 쳐다보고 있습니까?"라고 묻습니다(사도 1,10-11).
9. 그들은 제자들에게 "여러분을 떠나 하늘로 올라가신 예수님께서는 그대로 다시 오실 것입니다."라고 일러줍니다(사도 1,11).
10. 제자들은 크게 기뻐하며 예루살렘으로 돌아갑니다(루카 24,52).

영광의 신비 2단

영광의 신비 3단

예수님께서 성령을 보내심을 묵상합시다
(열정)

성화 해설 97쪽

◎ 성령으로 충만하신 어머니 성 마리아,
  성령을 보내주신 예수님을 찬미하며 청하오니,
  저희에게 열정의 삶을 살도록 성령의 은사를 빌어주소서.
  주님의 기도, 성모송 열 번, 영광송, 구원을 비는 기도

1~10번 중 선택해서 묵상할 수 있습니다.

1. 예수님께서 하늘에 오르신 다음, 제자들은 날마다 성전에서 하느님을 찬미하며 지냅니다(루카 24,53).
2. 예수님의 제자들은 성모님을 모시고 모두 한마음 한뜻으로 기도에만 힘씁니다.
3. 제자들은 오순절이 되어 모두 한자리에 모여 있습니다(사도 2,1).
4. 갑자기 하늘에서 세찬 바람이 부는 듯한 소리가 나더니 그들이 앉아 있던 온 집 안을 가득 채웁니다(사도 2,2).
5. 그러자 불꽃 모양의 혀들이 갈라지면서 그들에게 나타나 각 사람 위에 내려 앉습니다(사도 2,3).
6. 그 자리에 있던 모든 이들이 성령을 가득히 받습니다(사도 2,4).
7. 성령으로 가득 찬 그들은 성령이 시키는 대로 여러 가지 다른 언어로 말을 하고 알아듣습니다(사도 2,4).
8. 그때 베드로가 다른 열한 사도들과 함께 일어서서 군중을 보고 큰 소리로 설교합니다(사도 2,14).
9. 베드로의 설교(사도 2,14-36)를 듣고 삼 천 명이나 되는 많은 사람들이 세례를 받습니다(사도 2,37-41).
10. 사도들이 전 세계를 향하여 복음을 선포하였는데, 주님께서는 그들과 함께 일하셨으며 그들에게 여러 가지 기적을 행하게 하심으로써 그들이 전한 말씀이 참되다는 것을 증명해주셨습니다(마르 16,20).

영광의 신비 4단

예수님께서 마리아를 하늘에 불러올리심을 묵상합시다 (거룩한 죽음)

성화 해설 98쪽

◎ 하늘에 올림을 받으신 어머니 성 마리아,
당신을 들어 높이신 예수님을 찬미하며 청하오니,
저희에게 거룩한 죽음으로 천국의 영광과
예수님을 뵙는 행복을 빌어주소서.

주님의 기도, 성모송 열 번, 영광송, 구원을 비는 기도

1~10번 중 선택해서 묵상할 수 있습니다.

1. 제자들이 뿔뿔이 흩어진 후, 성모님은 예수님의 애제자였던 요한과 함께 사시며 기도에 전념하십니다.
2. 모든 제자들은 특별한 영감을 받고, 성모님이 살아 계시는 동안에 다시 한 번 더 뵙고자 모여옵니다.
3. 원죄의 온갖 더러움에 물들지 않으시어 티 없이 깨끗하신 동정녀께서는 지상 생활의 여정을 마치시고 육신과 영혼이 하늘의 영광으로 올림을 받으셨습니다 (교회헌장 59).
4. "그는 봄날 장미꽃 같고 샘물가에 핀 백합 같았으며 온갖 보석으로 장식한 황금 그릇 같았다."(집회 50,8-9)라는 말씀이 성모님의 정결한 모습을 보여줍니다.
5. 성모님은 하느님의 은총을 통하여 성자 다음으로 모든 천사와 사람 위에 들어 높임을 받으셨습니다 (교회헌장 66).
6. "왕비는 오피르의 황금으로 단장하고 당신 오른편에 서 있습니다."(시편 45,9)라는 말씀이 성모님의 영광스런 모습을 드러냅니다.
7. 모든 성인과 천사들 위에 들어 높여지신 성모님께서 모든 성인의 통공 안에서 당신 아드님께 모든 인류를 위해서 전구하십니다 (교회헌장 69).
8. 복되신 동정녀께서는 교회 안에서 변호자, 원조자, 협조자, 중개자라는 칭호로 불리십니다 (교회헌장 62).
9. 성모님은 하늘에서 영혼과 육신으로 이미 영광을 받으시어 내세에 완성될 교회의 표상이 되셨습니다 (교회헌장 68).
10. 제자들은 예수님께서 거룩한 어머니의 몸이 썩도록 버려두지 않으셨음을 깨닫고 기뻐합니다.

영광의 신비 5단

예수님께서 마리아께 천상 모후의 관을 씌우심을 묵상합시다

(마리아께 대한 사랑)

성화 해설 99쪽

◎ 하늘의 모후이신 성 마리아,
  당신에게 천상 모후의 관을 씌워주신 예수님을 찬미하며 청하오니,
  저희에게 깨끗한 마음으로 천상의 것만을 찾는 은총을 빌어주소서.

  주님의 기도, 성모송 열 번, 영광송, 구원을 비는 기도

1~10번 중 선택해서 묵상할 수 있습니다.

1. 영혼과 육신이 함께 하늘로 오르신 성모님은 아드님과 한자리에 앉아 계십니다 (에페 2,6).
2. 성모님은 하늘의 영광으로 올림을 받으시고, 주님께 천지의 모후로 들어 높여지셨습니다 (교회헌장 59).
3. 그리하여 성모님은 임금들의 임금, 주님들의 주님이시며 (묵시 19,16) 죄와 죽음에 대한 승리자이신 당신 아드님과 더욱 완전히 동화되셨습니다 (교회헌장 59).
4. 삼위일체이신 성부·성자·성령 하느님께서는 성모님의 개선을 크게 기뻐하십니다.
5. 성모님은 모든 천사들과 사람들의 여왕으로서 천상 모후의 관을 받으십니다.
6. 성모님은 태양을 입고 발밑에 달을 두고 머리에 열두 개 별로 된 관을 쓰고 계십니다 (묵시 12,1).
7. 성모님은 하느님의 말씀을 마음과 몸에 받아들이시어 천주의 성모로, 또 구세주의 참어머니로 인정받으시고 공경을 받으십니다 (교회헌장 53).
8. 성모님은 당신의 모성애로 아직도 나그넷길을 걸으며 위험과 고통을 겪고 있는 당신 아드님의 형제들을 돌보시며 행복한 고향으로 이끌어주십니다 (교회헌장 62).
9. 성모님은 이 지상에서 주님의 날이 올 때까지 (2베드 3,10) 순례하는 하느님 백성에게 확실한 희망과 위로의 표지로 빛나고 계십니다 (교회헌장 68).
10. 우리가 묵주기도인 장미 꽃다발을 성모님께 드리면, 성모님은 우리에게 하느님의 구원과 사랑을 전구해주십니다.

부록

1. 묵주기도로 드리는 9일 기도의 기원과 방법
2. 묵주기도를 드림으로써 받는 은총
3. 성가 (로사리오 기도드릴 때, 로사리오의 기도)
4. 성화 해설

1. 묵주기도로 드리는 9일 기도의 기원과 방법

🌹 기원

묵주기도로 드리는 9일 기도는 1884년 이탈리아 나폴리에서 성모님이 병석에 누워 있는 한 소녀에게 발현하셨을 때에 일러주신 기도입니다. 포르투나 아그렐리라는 이름을 가진 이 소녀는 13개월 동안 극심한 고통 속에 신음하고 있었고 의사들도 손을 댈 수가 없었습니다. 1884년 2월 16일 괴로움에 허덕이는 이 소녀와 그녀의 가족들은 9일 동안 묵주기도를 바치기 시작하였습니다. 그리고 그 해 3월 3일 성모님이 포르투나에게 발현하셨고 그 소녀를 가상히 여긴 그분께서는 '묵주기도로 9일 기도를 세 번 바치면 원하는 바가 이루어질 것'이라고 말씀하셨습니다. 포르투나는 성모님의 말씀대로 기도를 바쳤고 자신이 원하던 대로 병이 나았습니다. 그 후 성모님이 다시 소녀에게 나타나셔서 "누구든지 나의 도움을 얻고자 하는 사람은 청원의 뜻으로 9일 기도를 세 번 바치고 감사의 뜻으로 9일 기도를 세 번을 바쳐야 한다."라고 말씀하셨습니다. 이렇게 해서 묵주기도로 드리는 9일 기도가 시작되었습니다.

🌹 방법

이 기도는 청원하는 마음으로 9일씩 세 번, 감사하는 마음으로 9일씩 세 번, 모두 54일 동안 매일 묵주기도 5단을 바치는 것입니다. 각 신비 묵상은 매일 순서대로 바꾸어야 합니다. 첫째 날은 환희의 신비를 묵상하고, 둘째 날은 고통의 신비를 묵상하며, 셋째 날은 영광의 신비를 묵상합니다. 넷째 날에는 다시 환희의 신비를 묵상하는데, 이러한 방법으로 54일 동안 계속 바칩니다. 그러나 이제 빛의 신비가 추가됨에 따라서 환희의 신비, 빛의 신비, 고통의 신비, 영광의 신비 순으로 바치면 됩니다. 이럴 경우 묵주기도 마지막 날인 27일째에는 영광의 신비로 마칠 수가 없으므로 청원 기도 혹은 감사 기도의 마침으로 고통의 신비에 이어 영광의 신비 5단을 더 바치면 됩니다.

기존 방법

청원 기도

1 환희	2 고통	3 영광	4 환희	5 고통	6 영광	7 환희	8 고통	9 영광
10 환희	11 고통	12 영광	13 환희	14 고통	15 영광	16 환희	17 고통	18 영광
19 환희	20 고통	21 영광	22 환희	23 고통	24 영광	25 환희	26 고통	27 영광

감사 기도

1 환희	2 고통	3 영광	4 환희	5 고통	6 영광	7 환희	8 고통	9 영광
10 환희	11 고통	12 영광	13 환희	14 고통	15 영광	16 환희	17 고통	18 영광
19 환희	20 고통	21 영광	22 환희	23 고통	24 영광	25 환희	26 고통	27 영광

빛의 신비를 첨가한 방법

청원 기도

1 환희	2 빛	3 고통	4 영광	5 환희	6 빛	7 고통	8 영광	9 환희
10 빛	11 고통	12 영광	13 환희	14 빛	15 고통	16 영광	17 환희	18 빛
19 고통	20 영광	21 환희	22 빛	23 고통	24 영광	25 환희	26 빛	27 고통 / 영광 (청원 마침)

감사 기도

1 환희	2 빛	3 고통	4 영광	5 환희	6 빛	7 고통	8 영광	9 환희
10 빛	11 고통	12 영광	13 환희	14 빛	15 고통	16 영광	17 환희	18 빛
19 고통	20 영광	21 환희	22 빛	23 고통	24 영광	25 환희	26 빛	27 고통 / 영광 (감사 마침)

2. 묵주기도를 드림으로써 받는 은총

🌹 성모님께서 성 도미니코와 복자 알라노에게 하신 약속

1. 묵주기도를 열심히 바치는 사람에게는 나의 특별한 보호와 크나큰 은총을 약속한다.
2. 묵주기도를 꾸준히 바치는 사람은 몇 가지 표시 있는 은총을 받을 것이다.
3. 묵주기도는 지옥에 대항하는 강력한 무기이므로 악을 쳐부수고 죄에서 구할 것이며 이단을 물리칠 것이다.
4. 묵주기도는 선과 덕을 가득 차게 하고 영혼들에게 하느님의 풍성한 은총을 받게 하며 그들 마음 안에 하느님의 사랑을 심어줄 것이다. 또한 거룩하고 영원한 선을 열망하도록 그들을 성화의 길로 인도할 것이다. 오, 그들은 이를 통해 얼마나 성화될 것인가!
5. 묵주기도를 바치며 나에게 의탁하는 사람은 결코 멸망하지 않을 것이다.
6. 구원의 신비를 묵상하며 이 기도를 경건하게 바치는 사람은 불행에 빠지거나 죽을 때에 버림받는 일이 없으며, 죄인은 회개하고 의인은 은총 안에서 더욱 성장하며 영원한 생명에 합당한

사람이 될 것이다.
7. 진실로 정성을 다하여 묵주기도를 바치는 사람은 결코 성교회의 성사의 은총 없이 죽지 않을 것이다.
8. 묵주기도를 바치는 사람은 살아서나 죽어서나 하느님의 빛과 하느님의 풍부한 은총을 받을 것이며, 모든 성인들의 공로를 나누어 받을 것이다.
9. 묵주기도를 열심히 바쳤던 영혼이 연옥에 떨어지면 즉시 구해낼 것이다.
10. 묵주기도를 열심히 바친 나의 자녀들은 하늘나라에서 큰 영광을 누릴 것이다.
11. 너희가 묵주기도를 통해 나에게 청하는 것은 모두 얻게 될 것이다.
12. 묵주기도를 전파하는 사람은 모든 필요한 도움을 다 얻을 것이다.
13. 묵주기도회의 모든 회원들이 살아서나 죽어서나 하늘의 모든 성인들을 형제로 갖게 될 권한을 나는 내 아들 예수로부터 받았다.
14. 묵주기도를 성실하게 바치는 사람은 나의 사랑하는 자녀로서 예수 그리스도의 형제자매가 될 것이다.
15. 묵주기도에 대한 신심은 구원의 명확한 표지가 될 것이다.

3. 성가

로사리오 기도드릴 때

박기현

1. 기쁠 때나 슬플 때나 우리 곁에 계-시는 성모 마리아-여 묵주의 기도드릴 때에 나를 위로하시며 빛을 밝혀주시니 모든 걱정 사라-지고 희망 솟아오르네 항상 도와주옵소서 인자하신 어머니
2. 어두움이 찾아-들 때 우리 지켜주-시는 성모 마리아-여 묵주의 기도드릴 때에 내게 평화주시며 맑은 마음주시니 모든 근심 사라-지고 기쁨 솟아오르네 항상 도와주옵소서 인자하신 어머니

로사리오의 기도

Allegro Moderato 브리타니아 성가

(환희의 신비)
1. 천사가 알리신 말씀 그대로 마리아예 수를 잉태하셨네
2. 마리아 엘리사벳 방문하시어 영혼의 찬가를 읊으셨도다
3. 마리아 예수를 낳으셨으니 인류의 구원이 시작되었네
4. 마리아 예수를 봉헌하시니 우리도 기쁘게 봉헌합시다
5. 마리아 잃었던 예수 찾으니 우리도 언제나 예수를 찾네

아베 아베 아베 마리아 아베 아베 아베 마리아 - 아

(빛의 신비)
1. 세례를 받으신 예수 그리스도께 주님의 성령이 내려오셨네
2. 카나의 첫 기적 행하신 예수 주님의 모습을 드러내셨네
3. 하느님 나라가 다가왔으니 겸손한 맘으로 회개합시다
4. 예수님 거룩히 변모하시어 부활의 영광을 보여주셨네
5. 예수님 희생의 성체성사로 당신을 온전히 내어주시네

(고통의 신비)
1. 겟세마니에서 흘리신 피땀 예수여 우리 죄 씻어주소서
2. 무참히 매맞는 고통의 예수 우리도 고통을 인내합시다
3. 가시관 받으신 겸손의 예수 주님의 겸손을 본받읍시다
4. 십자가 지시는 사랑의 예수 우리도 그 길을 따라갑시다
5. 우리를 위하여 죽으신 예수 구원의 진리를 증거합시다

(영광의 신비)
1. 부활한 예수를 찬미하면서 우리의 생활을 새롭게 하세
2. 주 예수 하늘에 오르셨으니 승리의 기쁨을 노래합시다
3. 성모와 사도께 내리신 성령 우리의 맘에도 내려오소서
4. 하늘에 올림을 받은 어머니 우리의 전구자 되어주소서
5. 천상의 화관을 받으신 성모 우리도 예수를 뵙게 하소서

4. 성화 해설

정웅모 신부(서울대교구 성미술 감독)

환희의 신비 1단
마리아께서 예수님을 잉태하심을 묵상합시다

프라 안젤리코 (Fra Angelico, 1395년경-1455), 〈주님 탄생 예고〉,
1430-1432년, 템페라, 154×194cm,
프라도 미술관, 마드리드, 스페인

천사 가브리엘이 마리아에게 성령으로 아기 예수님을 잉태할 것이라고 예언하자 마리아는 하느님의 뜻이 자신 안에서 이루어지기를 바란다고 하시며 순종하셨습니다(루카 1,26-38 참조). 현관 앞에서 기도하는 마리아에게 천사가 나타나 문안 인사를 드립니다. 마리아는 양팔을 작은 십자가형으로 모으며 겸손한 자세를 취하고 있으며, 하늘로부터 성령이 내려오고 있습니다. 꽃이 만발한 천국의 정원에는 아담과 하와가 낙원에서 추방되는 모습이 그려져 있습니다. 이는 원조의 불순종으로 세상에 죄악과 죽음이 들어왔다면, 마리아의 순종과 구세주 예수님으로 말미암아 다시 구원받을 수 있게 되었음을 의미합니다.

환희의 신비 2단
마리아께서 엘리사벳을 찾아보심을 묵상합시다

카를 블로흐(Karl Bloch, 1834-1890), 〈마리아의 엘리사벳 방문〉,
1867년, 유화, 104×55cm, 프레데릭스보르크 성채 경당, 덴마크

성령으로 아기를 잉태한 후 마리아는 유다 산골에 살던 친척 엘리사벳을 방문하여 석 달가량 그곳에서 머물렀습니다(루카 1,39-56 참조). 엘리사벳은 양손을 번쩍 치켜들고 멀리서 온 마리아를 기쁘게 맞이하며 계단을 내려오고 있습니다. 마리아도 한 발을 계단 위에 올려놓으며 엘리사벳에게 다가섭니다. 이들 곁에 활짝 피어 있는 백합은 마리아의 순결을 나타냅니다. 이 두 여인의 만남은 이들이 잉태한 세례자 요한과 아기 예수님의 첫 만남이기도 합니다. 바야흐로 하느님께서 펼쳐 보이실 구원의 때가 눈앞에 가까이 다가왔다는 것을 보여줍니다.

환희의 신비 3단
마리아께서 예수님을 낳으심을 묵상합시다

무리요(Bartolomé Esteban Murillo, 1618-1682), 〈목자들의 경배〉,
1646-1650년, 유화, 187×223cm, 프라도 미술관, 마드리드, 스페인

마리아는 베들레헴의 마구간에서 아기 예수님을 낳아 구유에 눕혔습니다. 그 근방에 있던 목자들이 천사의 인도를 받아 마구간으로 와서 경배를 드렸습니다(루카 2,1-20 참조). 성모 마리아와 요셉은 구유에 누워 있는 아기 예수님을 사랑이 가득한 눈길로 바라봅니다. 아기 예수님은

온 세상을 비추는 빛처럼 어둠 속에서도 밝게 표현되었습니다. 남루한 옷차림의 목자들도 무릎을 꿇고 아기 예수님께 경배드리며 기뻐합니다. 한 목자가 데리고 온 양은 장차 예수님께서 온 세상과 인류의 구원을 위해서 희생되실 하느님의 어린양이심을 암시합니다.

환희의 신비 4단
마리아께서 예수님을 성전에 바치심을 묵상합시다

렘브란트(Rembrandt Harmenszoon van Rijn, 1606-1669),
〈아기 예수를 성전에 바치심〉, 1628년경, 유화, 55.5×44cm,
함부르크 미술관, 독일

마리아와 요셉은 정결례를 치르기 위해서 예루살렘 성전으로 올라가 아기를 봉헌하였습니다. 성전에 있던 예언자 시메온은 아기를 받아 안고 하느님을 찬양하였습니다(루카 2,22-38 참조). 예언자 시메온은 성전 기둥 앞에서 감격하는 모습으로 아기를 안고 있습니다. 이어서 양손을 모으고 있는 마리아에게 "아기는 배척당하는 표징이 되어 당신 영혼이 칼에 꿰찔릴 것"이라고 예언하였습니다. 마리아 옆에는 요셉이 무릎을 꿇고 있으며 그 자리에 있던 예언자 한나는 기도하듯이 양손을 들고 이 광경을 바라봅니다. 왼쪽 하늘로부터 비치는 은은한 빛이 작품에 신비로운 느낌을 더해줍니다.

환희의 신비 5단
마리아께서 잃으셨던 예수님을 성전에서 찾으심을 묵상합시다

카를 블로흐(Karl Bloch, 1834-1890), 〈박사들과 대화하는 예수〉, 1870년, 유화, 104×92cm, 프레데릭스보르크 성채 경당, 덴마크

요셉과 마리아는 예수님이 열두 살이 되던 해의 파스카 축제 때 예루살렘 성전에 갔다가 예수님을 잃어버렸습니다. 그러나 예수님은 성전에서 율법 학자들과 대화를 나누고 있었고 이 말을 듣는 이들은 예수님의 총명함에 감탄하고 있습니다(루카 2,41-52 참조). 마리아와 요셉은 사흘 만에 성전에서 잃었던 예수님을 찾았습니다. 학자들에게 둘러싸여 대화를 나누는 예수님을 보고 마리아와 요셉은 놀라워하면서 계단 위로 올라가고 있습니다. 계단 한쪽에는 열두 살 정도로 보이는 남루한 옷차림의 소년이 이 모습을 물끄러미 봅니다. 이 소년의 흐트러진 모습과는 대조된 예수님의 모습이 무척 돋보입니다.

빛의 신비 1단
예수님께서 세례 받으심을 묵상합시다

피에로 델라 프란체스카(Piero della Francesca, 1415년경-1492), 〈예수님의 세례〉, 1440-1445년, 유화, 167×116cm, 국립 미술관, 런던, 영국

예수님은 세례를 받으시려고 갈릴래아를 떠나 요르단 강으로 요한을 찾아오셨습니다. 요한은 처음에는 세례 베풀기를 머뭇거리다가 하느님의

의로움을 이루어야 한다는 예수님의 말씀을 듣고 세례를 베풀었습니다 (마태 3,13-17 참조). 요한은 조심스러운 자세로 세례를 베풀고 있으며 예수님은 양손을 모으고 기도를 드리고 계십니다. 하늘에는 성령이 비둘기 모양으로 나타났고 성부의 음성이 들려왔습니다. 강가의 푸른 나무는 세례를 통한 풍요로움을 드러내고 세 천사는 예수님이 삼위일체인 하느님 가운데 한 분이심을 뜻하고 있습니다. 뒤에 옷을 벗고 있는 것은 세례를 통해서 천상의 새 옷으로 갈아입었다는 것을 뜻합니다.

빛의 신비 2단
예수님께서 카나에서 첫 기적을 행하심을 묵상합시다

제라르 다빗(Gérard David, 1460년경-1523), 〈카나의 혼인 잔치〉, 1511년경, 유화, 100×128cm, 루브르 박물관, 파리, 프랑스

예수님과 성모님은 카나의 혼인 잔치에 초대를 받아 참석하셨습니다. 예수님은 성모님으로부터 포도주가 떨어졌다는 말을 듣고 물을 술로 바꾸는 기적을 행하셨습니다. 예수님은 카나에서 첫 번째 표징(기적)을 행하시고 하느님으로서 당신의 영광을 드러내셨습니다(요한 2,1-12 참조). 집 안에서 베풀어진 잔치에는 많은 사람이 초대되었습니다. 하느님과 깊은 일치를 이루며 살았던 예수님과 성모님의 머리에는 후광이 빛납니다. 예수님은 물독 여섯 개에 물을 가득 채우라고 하신 후 축복을 하시고, 그다음 그것을 떠서 잔치 주관자(과방장)에게 가져가라고 말씀하십니다. 물은 어느새 맛 좋은 포도주로 변해 있었습니다. 자비로운 성모님의 전구로 구세주 예수님의 첫 기적을 이끌어내셨습니다.

빛의 신비 3단
예수님께서 하느님 나라를 선포하심을 묵상합시다

라파엘로(Raffaello Sanzio, 1483-1520), 〈고기잡이 기적〉,
1519년경, 유화, 512×492cm, 바티칸 미술관, 바티칸

어부들은 밤새도록 그물을 던졌지만 물고기를 한 마리도 잡지 못했습니다. 그러나 예수님의 말씀을 따라 어부들은 깊은 데로 가서 그물을 쳐 많은 물고기를 잡았습니다. 이것을 본 시몬 베드로는 예수님의 발 앞에 엎드려 자신은 죄인이므로 떠나 달라고 간청하였습니다(루카 5,1-11 참조). 갈릴래아 호수에서 예수님과 제자들과의 첫 만남이 이루어지고 있습니다. 시몬 베드로의 배에 앉아 계시는 예수님은 한 손을 들어 어부들을 부르십니다. 시몬 베드로는 겸손한 모습으로 무릎을 꿇고 자신의 죄스러움을 고백하고 있습니다. 그물을 당기고 있던 나머지 어부들도 예수님의 부르심을 듣고서 그분과 함께 하느님 나라를 선포하기 위해 모든 것을 버리고 따라갔습니다.

빛의 신비 4단
예수님께서 거룩하게 변모하심을 묵상합시다

라파엘로(Raffaello Sanzio, 1483-1520), 〈거룩한 변모〉,
1520년경, 유화, 405×278cm, 바티칸 미술관, 바티칸

예수님은 베드로와 야고보, 요한을 데리고 높은 산으로 올라가셨습니다. 예수님은 그들 앞

4. 성화 해설

에서 얼굴은 해와 같이 빛나고 옷은 빛과 같이 희게 되셨습니다. 모세와 엘리야가 그들에게 나타나서 예수님과 이야기를 나누었습니다. 제자들은 얼굴을 땅에 대며 몹시 두려워했습니다(마태 17,1-9 참조). 천상의 빛깔인 흰옷을 입은 예수님은 십자가에 매달려 있는 것처럼 손을 벌리고 있습니다. 양쪽에 율법의 대표자인 모세와 예언자의 대표자인 엘리야가 춤추는 듯한 자세로 예수님의 변모에 화답하고 있습니다. 세 제자들은 영광스러운 변모를 제대로 보지 못하고 나뒹굴며 놀라워하였습니다. 아래에는 정신병에 시달리는 소년과 가족, 제자들이 다양한 자세를 취하고 있습니다.

빛의 신비 5단
예수님께서 성체성사를 세우심을 묵상합시다

필립 드 샹패뉴(Philipe de Champaigne, 1602-1674), 〈최후 만찬〉, 1652년, 유화, 158×233cm, 루브르 박물관, 파리, 프랑스

파스카 양을 잡는 날, 예수님은 열두 제자들과 함께 작은 방에 모여 최후의 만찬을 베푸셨습니다. 만찬 중에 빵과 포도주를 나눠주시며 그것이 많은 사람을 위해서 내어주는 당신의 몸과 피라고 말씀하셨습니다(마르 14,12-26 참조). 긴 식탁의 가운데 앉은 예수님은 하늘을 우러러 보시면서 한 손에 빵을 들고 다른 손으로는 축복의 기도를 바치십니다. 이어서 예수님이 제자들 중에 한 명이 당신을 배반할 것이라고 말씀하시자 제자들은 갑자기 배반자가 누구일까 하면서 동요하기 시작합니다. 예수님의 최후 만찬은 성체성사와 직접적인 연관이 있습니다.

고통의 신비 1단
예수님께서 우리를 위하여 피땀 흘리심을 묵상합시다

엘 그레코(El Greco, 1541-1614), 〈겟세마니에서의 기도〉, 1595년, 유화, 102.2×113.7cm, 톨레도 미술관, 스페인

예수님은 체포되기 전에 겟세마니라는 곳으로 가셔서 고통 속에서도 하느님의 뜻을 따르기 위해 간절히 기도하셨습니다(마태 26,36-46 참조). 달빛이 어스름하게 빛나는 밤에 겟세마니에서 예수님은 양팔을 들고 하늘을 우러러 기도하십니다. 예수님의 붉은 옷은 수난의 시간이 가까이 다가왔다는 것을 의미하며 뒤에 큰 바위는 물러설 수 없는 긴박한 처지를 나타냅니다. 하늘에서는 천사가 세상과 인류의 구원을 위해서 예수님이 치러야 할 희생의 잔을 드러내 보여줍니다. 왼쪽에는 제자들이 깊은 잠에 빠져 있고, 오른쪽 먼 곳에서는 예수님을 체포하기 위해서 유다를 앞세운 군인들이 다가오고 있습니다.

고통의 신비 2단
예수님께서 우리를 위하여 매 맞으심을 묵상합시다

티치아노(Tiziano Vecellio, 1488년경-1576), 〈채찍질 당하는 예수님〉, 1570-1576년, 유화, 281×181cm, 피나코텍 미술관, 뮌헨, 독일

사람들은 예수님을 붙잡아 수석 사제의 집으로 데리고 갔습니다. 그곳에서 예수님을 지키던 사람들은 그분을 조롱하고 때렸습니다. 또한 예수님에게 온갖 욕설을 퍼부었습니다(루카 22,63-65 참조). 가운데 앉아

있는 예수님은 계속되는 고문으로 이미 지친 듯한 표정을 짓습니다. 그러나 사람들은 예수님을 둘러싸고 그분을 조롱하며 계속 막대기를 내리치고 있습니다. 오른쪽에서는 또 다른 사람이 예수님을 고문하기 위해서 사용할 막대기를 한 아름을 안고 현장으로 다가오고 있습니다.

고통의 신비 3단

예수님께서 우리를 위하여 가시관 쓰심을 묵상합시다

안토니오 치세리(Antonio Ciseri, 1821-1891), 〈이 사람을 보라〉, 1870년경, 유화, 근대 미술관, 피렌체, 이태리

빌라도는 예수님을 데리고 가서 채찍질하도록 했습니다. 그리고 군인들은 가시나무로 관을 엮어 그분의 머리에 얹어 놓고 자색 겉옷을 입혔습니다. 그리고 빌라도는 예수님을 밖으로 끌고 나왔습니다(요한 19,1-16 참조). 빌라도는 총독 관저의 발코니로 예수님을 끌고 나와서 이 사람을 보라며 손으로 가리킵니다. 그러면서 그는 예수님을 어떻게 처리하면 좋겠느냐고 군중의 의견을 물었습니다. 아래에 있던 군중들은 아무런 죄도 없는 예수님을 십자가형에 처하라며 아우성을 쳤습니다. 이어서 빌라도는 예수님에게 십자가형이라는 사형선고를 내리고 말았습니다.

고통의 신비 4단

예수님께서 우리를 위하여 십자가 지심을 묵상합시다

엘 그레코(El Greco, 1541-1614), 〈십자가를 안고 가는 예수님〉,
1594-1604년, 유화, 108×88cm, 프라도 미술관, 마드리드, 스페인

사람들은 예수님에게 십자가를 지우고 골고타로 끌고 갔습니다. 예수님은 십자가의 길을 걸으면서도 울고 있던 여인들을 위로해주셨습니다(루카 23,26-32 참조). 예수님은 세상과 죄악에 신음하는 인류를 구원하기 위해서 몸소 희생 제물이 되셨습니다. 여기서 예수님은 십자가를 지고 가는 모습이 아니라 더 적극적으로 끌어 안고 가는 모습으로 표현되었습니다. 예수님은 십자가의 길을 걸으면서도 눈을 들어 하느님 아버지를 신뢰 가득하면서도 젖은 눈길로 바라보십니다. 또한 양손으로 구원을 위한 십자가를 안고 가슴 깊은 곳으로 끌어당기고 있습니다.

고통의 신비 5단

예수님께서 우리를 위하여 십자가에 못 박혀 돌아가심을 묵상합시다

기도 레니(Guido Réni, 1575-1642), 〈십자가 처형〉, 1619년,
유화, 397×266cm, 피나코테카 미술관, 볼로냐, 이태리

예수님의 십자가 곁에는 성모 마리아와 마리아 막달레나가 서 있습니다. 예수님은 어머니와 곁에 서 있는 사랑하시던 제자를 보시고 그들을 하느님 안에서 새로운 모자 관계로 맺어주셨습니다(요한 19,25-27 참조). 예수님은 태양마저도 빛을 잃고 어둠이 온 땅을 뒤덮은 가운데 고통 속

에서 죽으시면서도 하느님 아버지께 자신을 맡기며 숨을 거두셨습니다. 마리아 막달레나는 예수님의 마지막 고통에 끝까지 동참하듯 십자가를 끌어안은 채 흐느낍니다. 예수님의 삶과 일치했던 성모 마리아와 예수님이 사랑하시던 제자는 극심한 고통 속에서도 예수님의 죽음이 갖는 의미가 무엇인지를 생각하면서 하늘을 우러러 기도드리고 있습니다.

영광의 신비 1단
예수님께서 부활하심을 묵상합시다

렘브란트(Rembrandt Harmenszoon van Rijn, 1606-1669),
〈엠마오의 만찬〉, 1648년, 유화, 68×65cm, 루브르 박물관, 파리, 프랑스

부활하신 예수님은 엠마오로 향하던 두 제자들과 동행하셨지만 그들은 주님을 알아보지 못하였습니다. 그들은 예수님이 빵을 들어 감사를 드리신 다음 떼어 그들에게 주시자 비로소 눈이 열리어 주님을 알아보게 되었습니다(루카 24,13-35 참조). 집 안의 아치 앞에 식탁이 제단처럼 놓여 있고, 예수님은 하느님께 감사 기도를 드리며 빵을 쪼개고 있습니다. 그 순간에 제자들은 자신들과 동행했던 사람이 바로 부활하신 주님이시라는 것을 알아보고 깜짝 놀랍니다. 부활하신 예수님은 스스로 내면으로부터 환한 빛을 밝히십니다. 엠마오의 만찬은 말씀과 성찬의 식탁으로 구성된 미사를 연상케 해줍니다.

영광의 신비 2단
예수님께서 승천하심을 묵상합시다

렘브란트(Rembrandt Harmenszoon van Rijn, 1606-1669), 〈예수 승천〉, 1636년경, 유화, 92.5×68.5cm, 알트 피나코텍 미술관, 뮌헨, 독일

예수님은 제자들이 지켜보는 가운데 위로 올라가셨습니다. 그러자 구름이 예수님을 감쌌고 예수님은 그들의 시야에서 사라지셨습니다. 예수님이 올라가시는 동안 제자들은 하늘을 쳐다보고 있습니다(사도 1,6-11 참조). 예수님은 구름 위에 서서 양팔을 활짝 벌려 하느님을 찬미하며 그분을 맞아들이려는 듯한 자세를 취하십니다. 이 같은 예수님의 자세에 응답이라도 하듯이 짙은 먹구름이 갈라지면서 하늘로부터 쏟아지는 강렬한 빛은 예수님의 흰옷을 눈부시게 만듭니다. 아래에 있던 제자들은 본래 하느님의 영광 속으로 들어가시는 예수님을 바라보면서 무릎을 꿇고 놀라워합니다.

영광의 신비 3단
예수님께서 성령을 보내심을 묵상합시다

티치아노(Tiziano Vecellio, 1488년경-1576), 〈성령강림〉, 1570년경, 유화, 구원의 성모성당, 베네치아, 이태리

오순절이 되어 모두 한자리에 모여 있었는데 하늘에서 세찬 바람이 부는 듯한 소리가 나더니 그들이 앉아 있는 온 집 안을 가득 채웠습니다.

그리고 불꽃 모양의 혀들이 갈라지면서 그들에게 나타나 그들 각자 위에 내려 앉았습니다(사도 2,1-13 참조). 하늘로부터 성령이 비둘기 모양으로 내려오면서 강렬한 빛줄기를 제자들에게 내리비칩니다. 그 성령의 빛이 제자들의 머리 위에서 불길 형상으로 타오르고 있습니다. 한 방에 모여 기도하던 제자들은 성령을 받고 놀라워하는 자세를 취하고 있지만, 가운데 있는 성모님은 양손을 모으고 하느님께 기도드리고 있습니다.

영광의 신비 4단
예수님께서 마리아를 하늘에 불러올리심을 묵상합시다

무리요(Bartolomé Esteban Murillo, 1618-1682), 〈성모 승천〉, 1670년경, 유화, 195.5×145cm, 에르미타쥬 미술관, 상트 페테르부르크, 러시아

원죄의 온갖 더러움에 물들지 않으시어 티 없이 깨끗하신 동정녀께서는 지상 생활의 여정을 마치시고 육신과 영혼이 하늘의 영광으로 올림을 받으셨습니다(교회헌장 59 참조). 성모님이 타고 계신 구름을 천사들이 하늘 높이 밀어 올리고 있습니다. 성모님의 흰옷은 아무런 죄도 없는 순결한 상태를 나타냅니다. 지상의 파란 하늘과는 대조적으로 하느님은 천상의 황금빛 하늘을 열면서 성모님을 영접해주고 있습니다. 밝고 따뜻한 빛을 받고 있는 성모님의 한 손은 하느님을 찬미하듯이 하늘을 향해 있으며, 다른 손은 아직도 세상에 남아 있는 사람들을 위해서 전구해주시는 듯한 자세를 취하고 계십니다.

영광의 신비 5단

예수님께서 마리아께 천상 모후의 관을 씌우심을 묵상합시다

프라 안젤리코(Fra Angelico, 1395년경-1455),
〈성모 마리아의 대관식〉, 1434-1435년, 템페라, 112×114cm,
우피치 미술관, 피렌체, 이탈리아

성모님은 주님께로부터 천지(하늘과 땅)의 모후로 들어 높여지시어, 군주들의 주님이시며 죄와 죽음에 대한 승리자이신 당신의 아드님과 더욱 완전히 동화되셨습니다(교회헌장 59 참조). 언제나 하느님의 말씀에 순종하며 사셨던 성모님은 모든 성인과 천사들 위에 들어 높여지셨습니다. 성인 성녀와 천사들이 천상을 가득 메우고 있는 가운데 구름 위 옥좌에 앉으신 예수님은 성모님에게 천상 모후의 관을 씌워주십니다. 대관식이 거행되는 동안 천상의 신비를 느끼게 해주는 황금색 빛이 강렬하게 뻗어 나가고 있습니다. 천사들은 긴 나팔과 악기들을 연주하며 흥겨움을 더해줍니다.

표지 성화

아기 예수님을 안고 있는 로사리오의 성모

무리요(Bartolomé Esteban Murillo, 1618-1682),
〈아기 예수와 함께 있는 로사리오의 성모〉, 1650-1655년,
유화, 164×110cm, 프라도 미술관, 마드리드, 스페인

　마리아와 요셉은 주님의 율법을 따라 예루살렘 성전에서 아기 예수님의 봉헌 예식을 거행하였습니다. 이후 자기 고향 갈릴래아 지방 나자렛으로 돌아갔습니다. 아기는 날로 튼튼하게 자라면서 지혜가 풍부해지고 하느님의 은총을 받았습니다(루카 2,39-40 참조). 대부분의 성모자 그림에는 성모님과 아기 예수님이 친밀한 사랑을 나누는 모습이 담겨 있습니다. 이 작품에서는 성모님과 아기 예수님 사이에 묵주도 함께 표현되었습니다. 이것은 묵주기도를 바침으로써 구원의 전구자이신 성모님을 통해서 구세주 예수님께 가까이 다가갈 수 있음을 알려주는 것입니다.